Ullstein

ÜBER DAS BUCH:

Der bekannte Marsforscher Walter Hain legt in diesem Buch anhand sensationeller neuer Forschungsergebnisse und Textstellen aus der Bibel zahlreiche Belege vor, die den Schluß zulassen, daß Jesus außerirdischer Herkunft war. Der Autor schildert die verschiedenen Ereignisse im Leben des Mannes aus Nazareth, die auf seine »himmlische« Herkunft hindeuten. Eigenartige »Engel« verkündeten seiner Mutter Maria die Geburt. Jesus vollbrachte zahlreiche »Wundertaten«, die ihn als überirdisches Wesen auswiesen. Er ließ sich widerstandslos kreuzigen, obwohl ihm »eine Legion himmlischer Helfer« hätte beistehen können. Mit Hilfe dieser »Engel« konnte er dem Grab entsteigen und anschließend in den Himmel »hinauffahren«. Derartige Schilderungen legen für uns Menschen des Raumfahrtzeitalters nüchtern den Gedanken nahe, daß Jesus der Abkömmling einer extraterrestrischen Macht, das Kind von außerirdischen Intelligenzen gewesen sein muß. Mag das alles auch phantastisch klingen, so könnte nun der Beweis dafür existieren: auf einem unserer Nachbarplaneten, auf dem Mars.

DER AUTOR:

Walter Hain, 1948 in Wien geboren, gilt als Entdecker des Marsgesichts. Seit 20 Jahren beschäftigt er sich mit den Rätseln des roten Planeten. Er hielt Vorträge im In- und Ausland und schrieb zahlreiche Zeitungsbeiträge.

Weitere Veröffentlichung:
Das Marsgesicht (1997)

Walter Hain

Sein Reich war nicht von dieser Welt

Beweise für die außerirdische Herkunft Christi

Ullstein

Ullstein Buchverlage GmbH
Berlin
Taschenbuchnummer: 35737

Originalausgabe
Mit zahlreichen Abbildungen
Oktober 1997

Umschlagentwurf:
Vera Bauer
unter Verwendung einer Abbildung
von G+J Photonica/T. Shinada

Printed in Germany 1997
Gesamtherstellung:
Clausen & Bosse, Leck
ISBN 3 548 35737 7

Gedruckt auf alterungs-
beständigem Papier mit
chlorfrei gebleichtem Zellstoff

Die Deutsche Bibliothek – CIP-Einheitsaufnahme

Hain, Walter:
Sein Reich war nicht von dieser Welt / Walter Hain. – Orig.-Ausg. –
Berlin: Ullstein, 1997
(Ullstein-Buch; 35737)
ISBN 3-548-35737-7

Inhaltsverzeichnis

Einleitung

In diesem Buch werden verblüffende Dinge beschrieben, die vielleicht zunächst absurd erscheinen mögen. Doch es wird sich zeigen, daß hinter diesen Dingen offenbar eine kosmische Intelligenz steckt, die uns etwas mitteilen möchte. Wir werden sehen, daß unsere Vorstellungen der Welt begrenzt sind und daß wir ständig mit Offenbarungen konfrontiert werden, die wir oft nicht verstehen – ja vielfach gar nicht erkennen.

Seit Jahrzehnten versuchen wir, mit außerirdischen Intelligenzen, mit unseren »Brüdern im All«, Kontakt aufzunehmen. Wir suchen dabei vermutlich unsere eigene Identität im Kosmos und wohl auch unseren eigentlichen Ursprung und damit unseren Schöpfer. Wir horchen ins All hinaus, ob uns fremde Intelligenzen aus den unendlichen Weiten bereits Nachrichten, Signale übermitteln. Die bisher entdeckten »Botschaften« aus dem Kosmos konnten wir nicht als künstliche erkennen. Die gewaltigen Entfernungen und unsere unzureichenden Mittel lassen eine kosmische Kommunikation unmöglich erscheinen, doch vielleicht haben wir die kosmischen Signale bisher nur nicht richtig verstanden. Vielleicht werden wir längst von »himmlischen Mächten« geführt, ohne daß wir etwas davon merken.

Der Schöpfer ist allgegenwärtig, heißt es in den Religionen. Am Ende der Tage werde er wiederkommen, doch vorher würden »Zeichen« gesetzt, zur Vorbereitung auf seine Ankunft. Auch Jesus Christus versprach uns Zeichen vor seiner Wiederkehr. Es sollten himmlische Zeichen sein, und jeder solle sich darauf vorbereiten, denn er werde unverhofft kommen, wenn man ihn nicht erwarte. Das würde jedoch erfordern, aufmerksam zu sein, um mögliche Zeichen zu erkennen – besonders, wenn es himmlische Zeichen sind.

In der letzten Zeit scheinen solche Zeichen aufgetreten zu

sein. Im Jahre 1981 erschien erneut die von Wissenschaftlern als »Stern von Bethlehem« gedeutete besondere Planetenkonstellation zwischen Jupiter und Saturn. Danach schienen sich die Marienerscheinungen zu häufen oder zumindest besonders eindrucksvoll darzustellen. Immer bevor Jesus in Erscheinung trete, zeige sich die Gottesmutter – erklären uns die Theologen. Im Jahre 1987 erschien ein neuer Stern am Himmel, ein kosmisches Schauspiel, wie es die Welt seit Jahrhunderten nicht mehr gesehen hat.

Verschiedene Prophezeiungen und Jenseitsbotschaften scheinen also die Wiederkehr Jesu anzukündigen, und ebenfalls im Jahre 1987 kam, aus einer Computer-Analyse von NASA-Aufnahmen aus dem All, ein Abbild Jesu zum Vorschein. Tatsächlich scheinen wir, an der Schwelle zum nächsten Jahrtausend, an einem Wendepunkt angelangt zu sein, wo wir uns überlegen müssen, wie es auf dieser Welt weitergehen soll.

Im Jahre 1988, im »Jahr des Mars«, wurde das sogenannte Turiner Leinentuch, das angebliche Grabtuch Christi, einer neuerlichen Untersuchung unterzogen. Das hat unter den Fachleuten einige Kontroversen ausgelöst, aber es haben sich auch neue Aspekte ergeben. Im Jahre 1992 hat die NASA mit ihrem Projekt SETI (Search for Extraterrestrial Intelligences) verstärkt die Suche nach Signalen von kosmischen Intelligenzen aufgenommen, später hat eine private Forschergruppe diese Bemühungen fortgesetzt. Astronomen fanden in weit entfernten Sternsystemen Anzeichen von fremden Planeten. Im August 1996 verkündete die NASA, endlich außerirdisches Leben gefunden zu haben – in einem Meteoriten, der vor Jahrtausenden vom Mars zur Erde kam. Kurz darauf wurden mehrere Raumsonden losgeschickt, um die Geheimnisse des roten Planeten zu ergründen. Vermutlich muß die irdische Schöpfung umgeschrieben werden. Das Leben entstand nicht auf der Erde, sondern irgendwo draußen in den Weiten des Alls.

Schon im Jahre 1975 drangen irdische Himmelskörper ins Weltall vor, auf der Suche nach fremden Lebensformen. Sie steuerten den Mars an, einen unserer Nachbarplaneten. Dort vermuteten die Wissenschaftler schon lange außerirdisches Leben. Zwei Landeroboter der amerikanischen Weltraumbehörde NASA sollten auf diesem Planeten nach Spuren von außerirdischen Organismen suchen. Es wurden damals leider keine gefunden, dafür jedoch seltsame Bodenstrukturen, die wie verfallene Ruinen und Pyramiden aussahen, und eine Felsstruktur, die einem menschlichen Gesicht verblüffend ähnelte. Dieses Gebilde, das scheinbar fragend in den Marshimmel blickt, ist mittlerweile als das »Marsgesicht« in die populärwissenschaftliche Literatur eingegangen – als die wohl seltsamste Struktur, die je außerhalb der Erde gefunden wurde. Zahlreiche Forscher (besonders in Amerika) haben sich mittlerweile mit diesen merkwürdigen Strukturen auf dem Mars beschäftigt, und es scheint sich eher die Annahme einer künstlichen als die einer natürlichen Entstehung durchzusetzen. Dies hätte jedoch gewaltige Folgen für unser derzeitiges Weltbild, und es stellte sich dann die Frage, welche Botschaft dieses »Marsgesicht« enthält und wen es eigentlich darstellen soll.

So möchte ich hier ein Zitat voranstellen, das ich dem Buch »Planetary Mysteries« von Richard Grossinger entnommen habe und auf das ich später noch eingehen werde. Es handelt sich um eine Begebenheit nach einem Interview, das Richard Grossinger mit Richard C. Hoagland, einem ehemaligen Pressereporter bei der NASA und Initiator zweier Mars-Forschungsgruppen, die diese Phänomene auf dem Mars 1985 und 1986 untersuchten, führte:

In mid-December I picked up the photographs for this interview from Richard Hoagland at his house. While I was there he talked to me about the unusual reactions people had to the »face«. »There are those who are absolutely closed to it«, he said, »and they are the ones it most upsets. They don't want to hear about it, and if they let you tell them about, a week later they deny they listened to you. But«, he added, »those who want to believe everything uncritically are just as impossible«.

»Yeah«, I said, »they probably want to connect it to the Easter Island statues, Stonehenge, psychic photography, the Shroud of Turin, the Kennedy Assassinations, and E. T.«.

»And anything else they can think of. This ›face‹ has a strange impact on people. Those who really get it, who see what's at stake, are tremendously moved. Their lives aren't quite the same afterwards. They feel suddenly they might be something they hadn't thought of, that human life might be different from what they had imagined. There's a profound mystery arising from this complex at Cydonia, a mystery that goes beyond the obvious mystery of the artifacts.«

»We're not only looking across space. We're looking through time. And, because it's our face, we're looking into ourselves.«

»We're involving in a major paradigm shift now, but it hasn't really happened. It needs something to strike us on a more emotional level ...«

»An archetypal level ...«, I suggested.

»Yes, something to shock us, something unexpected. I can't say how or why, but this face may be like the drop into the solution that causes its crystallization.«

When I was driving home, I fiddled with the radio and passed an FM station on which, the announcer said, they were going to play a very old version of »Silent Night« – how it might have sounded in a Germanic dialect of proto-Indo-European with tribal instruments. He paused, I turned up the volume. Then I heard the bells, the panpipes, the lute ... and an ancient Christian pre-Christian melody from the snowy north. I imagined were-lights, stars ... Then the words. When I reached my driveway, I sat there in the car listening. I opened the envelope and took out the pictures. Then the real oldness of the ›face‹ struck me – even before the Ice Age, our image in stone, on the Martian tundra. The Shroud of Turin was not so wrong. For being both human and prehuman, for being stone and suggested compassion, sentience, the ›face‹ was archetypally Christian, bringing our fragmented and warring planet together in a single mask, in an unity beyond our history, outside of ordinary time. »Silent Night, Holy Night« for sure, but on another world, perhaps even another dimension of creation, the deep night inside us as well. The snow ... and the bells ...

Bereits hier könnten wir, durch die Zusammenhänge, stutzig werden. Es scheint so, als sei mit diesem Ereignis bereits eine Botschaft verbunden, die Richard Grossinger aber noch nicht ganz verstand – oder vielleicht noch nicht ganz verstehen konnte. Die Glocken läuteten, doch er erkannte offenbar ihren Klang nicht.

Erst im Juni 1987 konnte ich den Klang dieser Botschaft vernehmen. Es war nicht die gleiche Resonanz, die Richard Grossinger vernahm (ich wußte bis zum Oktober 1987 nichts von seinem Buch), doch es war offenbar dieselbe Stimme, die ihm und mir anscheinend eine Mitteilung zukommen lassen wollte. Eine Mitteilung, die meine weitere Forschung erheblich beeinflussen sollte.

Wien, im Januar 1997
Walter Hain

I. Ein neuer »Stern von Bethlehem«

Das größte kosmische Drama seit Jahrhunderten

Es war am 24. Februar 1987 in der Nacht, genau um 2.52 Uhr, da schoß ein Schwarm von Neutrinos aus dem Weltall mitten durch das gewaltige Massiv des Montblanc. Es waren fünf solcher Elementarteilchen, die alles durchdringen können. Diesmal schossen sie mit ungeheurer Geschwindigkeit durch das Schweizer Gebirgsmassiv und mitten durch das »Neutrino-Observatorium«, das unter der Leitung von Professor Carlo Castagnoli vom Instituto di cosmogeofisica des CNR (Centro Nazionale Delle recherche) Turin errichtet worden war.

Gleichzeitig wurde 500 Kilometer südlich, im Institut für Physik der Universität Rom, ein 3 Meter großer Aluminiumzylinder mit einem Gewicht von 2300 Kilogramm erschüttert und begann leicht zu schwingen. Der Zylinder war eine Antenne zum Empfang von Gravitationswellen.

In den Morgenstunden des 24. Februar, zwischen null und 3 Uhr, machte der kanadische Astronom Ian Shelton mit dem Teleskop des Las-Campanas- Observatoriums in Nord-Chile einige Aufnahmen von unserer 160000 Lichtjahre entfernten Nachbargalaxis, der Magellanschen Wolke (benannt nach dem portugiesischen Seefahrer Fernando de Magalhaes, genannt auch Magellan, 1480 bis 1521). Als Shelton die Fotoplatten entwickelte, bemerkte er auf einer Aufnahme einen kleinen hellen Fleck, der dort eigentlich nicht vorhanden sein durfte. Ein Blick zum Himmel zeigte ihm jedoch, daß die Aufnahme stimmte. Er verglich sie mit anderen Aufnahmen der Magellanschen Wolke, und tatsächlich war auf diesen kein solcher Lichtpunkt zu sehen.

Einige Tage später meldeten auch eine japanische Forschergruppe, die an einem Neutrino-Experiment in einer alten Blei-Zink-Mine arbeitete, und ein amerikanisches Forscherteam einen Neutrino-Schauer: Dieser trat jedoch $4\,^1/_2$ Stunden nach dem Ereignis am Montblanc auf. Über diese Zeitdifferenz sind sich die Experten noch uneinig, doch sie sind sich einig über folgendes: Am 24. Februar 1987 leuchtete am nächtlichen Himmel, in unserer Nachbargalaxis Magellansche Wolke, ein neuer Stern. Es war nicht irgendein Stern, sondern ein kosmisches Schauspiel, wie es die Welt seit 383 Jahren nicht mehr gesehen hatte.

In der Folge konnten mehrere Observatorien die Supernova beobachten. Der australische Astronom R. McNaught von der University of Aston konnte schon am 23. Februar um 10.33 Uhr eine Aufnahme machen, doch erkannte er diesen neuen Stern vorerst nicht. Am 24. Februar entdeckten um 4.48 Uhr (ebenfalls in Las Campanas) der Astronom O. Duhalde und noch am selben Tag um 8.52 Uhr A. Jones in Nelson, Neuseeland, die Supernova, und um 19.40 Uhr begannen die ersten Spektralbeobachtungen und Vielfarbenaufnahmen. Auch ein Satellit zur Messung von UV-Strahlen wurde auf diese Sternexplosion gerichtet. Am 26. Februar wurde vom European Southern Observatory (ESO) in La Silla, 30 Kilometer von Las Campanas entfernt, die genaue Position der Supernova bestimmt. Sie liegt dort, wo sich bisher der Stern Sanduleak befand. Es war ein Stern 12. Größe, der nun auf Größe 2,8 angewachsen war. Die Astronomen waren überrascht, daß es so schwache und schnelle Sternentstehungen überhaupt gibt. Die weltweit bekannte Zeitschrift »Time« berichtete über die neue Supernova unter dem Titel »Bang« am 23. März 1987, und der deutsche »Spiegel« Nr. 13 von 1987 sah in diesem Zusammenhang sogar »Rauchende Colts« am Himmel. Daran sieht man, welche Bedeutung diesem Ereignis auch in den Medien beigemessen wurde.

Vom 6. bis 8. Juli 1987 wurde im Europäischen Max-Planck-Institut eine Tagung zum Supernova-Ereignis abgehalten. Dort schilderte eine Astronomin dem österreichischen Universitäts-Dozenten Dr. Hans Michael Maitzen vom Institut für Astronomie der Universität Wien die Situation in La Silla: »Plötzlich, nach Bekanntwerden des Aufleuchtens der Supernova, waren alle Teleskope auf diese Himmelsposition gerichtet, eigene Beobachtungsprogramme waren hintangestellt, mit gleichsam militärischer Strategie wurde die Beobachtungstätigkeit geplant und eingeteilt. Getragen war dies alles vom klaren Bewußtsein der Einmaligkeit und Bedeutsamkeit des Jahrhunderts-, ja eigentlich Jahrtausend-Ereignisses.«

Ian Shelton äußerte sich recht euphorisch: »Wir alle sind Enkel von Supernova 1987A!« Der amerikanische Astrophysiker John Bahacall bemerkte dazu: »Wer soll da noch schlafen?« »Das ist wie Weihnachten«, erregte sich der Astronom Stan Woosley, »darauf haben wir 383 Jahre gewartet!«

Für die Astronomen war diese mittlerweile als SN1987A bezeichnete Supernova in jeder Hinsicht ein Glücksfall. Normalerweise treten drei Supernova-Ausbrüche in einem Jahrhundert auf, weshalb schon sehnsüchtig ein derartiges Ereignis erwartet wurde. Die Magellanschen Wolken, die Kleine wie auch die Große, sind bedeutende Beobachtungspunkte am Himmel, und die Europäische Südsternwarte und andere Observatorien in Chile wurden eigentlich wegen dieser Objekte errichtet – und gerade jetzt trat ein derartiges Ereignis in einer dieser interstellaren Wolken auf. Es war tatsächlich eine willkommene Botschaft aus dem All, denn nun erst – so meinten die Astronomen – beginne die Supernova-Forschung. Erst jetzt werde es möglich sein, über diese Gebilde und deren Heimatgalaxien Näheres in Erfahrung zu bringen.

Im Jahre 1604 entdeckte Johannes Kepler einen neuen Stern, was damals für einige Aufregung sorgte. Solche himmmlischen Erscheinungen waren ja stets Unheils-, aber auch Glücksboten, und sie hatten auch zur Veränderung mancher Weltanschauung beigetragen. Heute erwecken derartige Ereignisse kaum noch Interesse, doch könnte gerade dieser neue Stern in unserer Nachbargalaxis eine besondere Bedeutung erlangen.

Unter den Astronomen sind solche neuen Sterne als »Supernovae« längst bekannt. Die ältesten Aufzeichnungen von Sternentstehungen machten chinesische Astronomen, die erste stammt aus dem Jahre 1300 v. Chr. Auf einem chinesischen Orakelknochen (dabei wurde ein Knochen über die Glut eines Feuers gehalten und aus den dadurch entstandenen Rissen die Zukunft gedeutet) finden wir die Eintragung: »Am 7. Tag des Monats erschien ein heller Stern bei Antares.« Weitere Supernovae wurden in den Jahren 1054 und 1572 n. Chr. entdeckt.

In einem Stern, wie auch in unserer Sonne, entstehen Kernreaktionen von ungeheurem Ausmaß. Durch die Urelemente Wasserstoff und Helium werden Temperaturen von einigen Millionen Grad Celsius freigesetzt. Würde unsere Sonne einmal zu einer Supernova werden, würde alles Leben hier auf der Erde in Sekundenschnelle verdampfen. Eine Supernova in einer Entfernung von 10 Lichtjahren würden wir so hell wie unsere Sonne sehen. Sie würde immer noch genug hochenergetische Teilchen, UV-Strahlung, Röntgen- und Gammastrahlen zu uns senden, um das Leben auf der Erde völlig vernichten zu können.

Eine Supernova ist eigentlich ein sterbender Stern. Wenn er nach Milliarden von Jahren seinen Wasserstoffvorrat verbraucht hat, wodurch sich Temperatur und Druck im Innern nicht mehr halten können, fällt er in sich zusammen und stößt einen Teil seiner Masse explosionsartig aus. Dadurch wird er zu einem Stern zweiter oder dritter Größenordnung und ist im Weltall weithin sichtbar. Durch die Explosion werden gewaltige Kräfte mobilisiert, die Energieteilchen und Gravitationswellen in den Weltraum hinausschleudern.

Die Supernova vom 24. Februar 1987 erschien genau zum richtigen Zeitpunkt. Nicht nur, um uns ein lange erwartetes himmlisches Schauspiel zu liefern, sondern diesmal waren die Beobachtungsmöglichkeiten soweit fortgeschritten, daß sogar »Signale« von dieser Sternexplosion empfangen werden konnten. Es standen Neutrino-Detektoren, Gravitationswellen-Empfänger und natürlich auch optische Teleskope zur Verfügung – das war bei anderen Ereignissen dieser Art bisher nicht möglich. Leider waren die empfindlichsten Gravitationswellen-Empfänger zu diesem Zeitpunkt nicht eingeschaltet, so daß in dieser Beziehung keine genauen Messungen durchgeführt werden konnten. Fest steht aber, daß zu dieser Zeit eine Reihe von Neutrinos, die aus dem Weltall zur Erde kamen, nachgewiesen werden konnte. Bei dem bereits erwähnten japanischen

Experiment durchstießen einige Neutrinos einen mit 2000 Liter Wasser gefüllten Behälter. Darin trafen sie auf Elektronen, die eine Positron-Reaktion hervorriefen, die von den Detektoren registriert werden konnte. Dasselbe geschah in Amerika und am Montblanc, wobei die allerersten Energieteilchen dieser Supernova das Observatorium am Montblanc durchstießen.

Aus einem Neutrino-Schauer kann man einiges herauslesen. Zum Beispiel Geschwindigkeit, Intervalle und Herkunft dieser Teilchen. Diesmal war besonders die zeitliche Abfolge des Eintreffens der Neutrinos etwas merkwürdig. Das Signal war über einen viel größeren Zeitraum verteilt, als man ihn aufgrund der bisherigen Erfahrungen mit Supernovae gewohnt war. Normalerweise treffen Neutrinos in einem Abstand von zwei bis drei Sekunden ein. Diesmal lagen die Intervalle in Amerika, aber bei fünf, am Montblanc bei sieben und in Japan bei zwölf Sekunden – wobei das Signal in Japan das zuverlässigste gewesen sein soll. Diese längeren Intervalle bedeuteten entweder, daß die bisherigen Vorstellungen von Supernovae nicht stimmen oder daß Energieteilchen Masse besitzen.

Bisher hatte man nämlich angenommen, daß Neutrinos masselos seien, weil sie jede Materie durchdringen können. Dann müßten sie aber alle gleich schnell sein, weil sie durch keinen Widerstand abgebremst werden, und zwar so schnell wie das Licht. Nun zeigte sich aber, daß die Neutrinos von der Supernova aus der Magellanschen Wolke offenbar unterschiedlich schnell waren. Dies würde bedeuten, daß sie auch unterschiedliche Massen gehabt haben müßten. Wenn das stimmt – so meinen die Astronomen –, dann hätte das enorme Auswirkungen auf unser Weltbild.

Dehnt sich das Universum immer weiter aus? Leben wir in einem »offenen« oder in einem »geschlossenen« Weltall? Wird der Kosmos wieder in sich zusammenstürzen – vielleicht zu einem neuen Urknall? Das alles sind Fragen, deren Beantwortung von der Gesamtmasse des Universums abhängt. Was wir bisher vom Universum sehen, reicht für einen kosmischen »Big Bang« nicht aus; hätten Neutrinos aber Masse, dann würde das für die Erklärung eines kosmischen Pulsierens ausreichen. Die derzeit vorliegenden Ergebnisse vom 24. Februar 1987 deuten tatsächlich darauf hin, daß Neutrinos Masse haben. Wieviel jedoch, das ist den Astronomen noch unklar.

Eine weitere Besonderheit einer Supernova zeigt sich bei den durch die Explosion in den Raum geschleuderten Gasen. Sie enthalten alle Elemente, die der Stern im Laufe seines Lebens erzeugt hat, wie auch das radioaktive Uran. Auch die Supernova in der Magellanschen Wolke hat jetzt das Weltall mit Uran »verseucht«. Hierbei handelt es sich jedoch um eine »befruchtende Verseuchung«, denn Uran gehört zu den zahlreichen schweren Elementen, die das Grundmaterial für die Entstehung neuer Sterne, neuer Planeten und damit auch neuen Lebens liefern. Bei einer Supernova-Explosion könnte also eine neue Genesis, eine neue Schöpfung beginnen, und das könnte auch Einfluß auf die Erde haben.

Unsere Sonne beeinflußt das Leben auf der Erde durch ihre wärmenden Strahlen, und der Mond hält die Gezeitenkräfte im Gleichgewicht. Astrologen sind der Ansicht, daß sogar bestimmte Planetenstellungen und Sternkonstellationen Auswirkungen auf das irdische Leben haben. Die Atmosphäre und das Klima beeinflussen ebenfalls die Menschen; manche leiden sogar darunter. Auch außerirdischen Strahlen ist der Mensch zeitweise ausgesetzt, und wenn sie zu stark sind, kann das tödlich sein. Bereits in den sechziger Jahren meinten die beiden Ozeanographen Billy Glass und Bruce Heezen, daß der Mensch in einem kosmischen Strahlensturm entstanden sei. Durch die Erforschung der Erdschichten im Meeresboden entdeckten sie, daß sich der Erdmagnetismus im Laufe der Zeit mehrmals umgepolt hat. Zu dieser Zeit war die Erde den kosmischen Strahlen schutzlos ausgeliefert, und das soll schließlich zum Anwachsen des Gehirnvolumens bei den Menschen geführt haben. Tatsächlich können radioaktive Strahlen zu Veränderungen in der Erbsubstanz von Lebewesen führen. Schon geringe »Erdstrahlen« beeinflussen offenbar das menschliche Verhalten. Auch kosmische Teilchen, die aus dem Weltall zu uns gelangen, könnten Auswirkungen auf das Leben auf der Erde haben. Das

Aussenden solcher Teilchen könnte sogar von außerirdischen Intelligenzen herbeigeführt worden sein.

Die Supernova vom 24. Februar 1987 könnte daher auch ein Signal, eine Botschaft aus dem All sein, die vielleicht künstlich hervorgerufen wurde. Wenn man sich nämlich die phantastische Möglichkeit vor Augen hält, daß außerirdische Intelligenzen uns weit überlegen sind, daß sie vielleicht sogar imstande sind, ganze Galaxien umzubauen, dann wäre es durchaus vorstellbar, daß sie Sternexplosionen künstlich herbeiführen können, um neue Lebensräume zu schaffen. Dann könnten sie auch auf diese Weise »gerichtete Signale« aussenden, und sei es nur, um uns auf so ein kosmisches Ereignis aufmerksam zu machen.

Wir schicken Goldplaketten mit unserem Aussehen, unseren Daten und dem Standpunkt unserer Herkunft ins Weltall, um anderen Intelligenzen Botschaften zu übermitteln, und wir erhoffen uns, daß diese – vielleicht unterschrieben mit »retour an den Absender« – sobald wie möglich wieder bei uns eintreffen. Leider werden aber diese Raumsonden Millionen von Jahren unterwegs sein, bis sie möglicherweise auf andere Intelligenzen stoßen. Ferne hochentwickelte Zivilisationen könnten längst ganz andere Kommunikationsmöglichkeiten, Signale oder Botschaften erdacht haben, die in wesentlich geringeren Zeiträumen das Universum durchqueren können, die weithin sichtbar sind und die andere Lebewesen als »göttliche Zeichen« jahrtausendelang überliefern.

Mit dem Ereignis in Bethlehem vor 2000 Jahren war eine neue Ära, ein neues Zeitalter angebrochen. Auch heute, wieder an der Schwelle eines Jahrtausends, gibt es Anzeichen für eine Wende, eine Aufbruchstimmung, ein »New Age«. Dieser neue »Stern von Bethlehem«, die Supernova vom 24. Februar 1987, könnte ebenso ein Zeichen sein wie damals, als Jesus geboren wurde. Diesmal ging es aber nicht nur um ein bestimmtes lokales Ereignis; es ging wohl um uns alle, um das Weiterleben der gesamten Menschheit. Diesmal galt das himmlische Schauspiel wirklich allen Menschen dieser Erde und auch den sonstigen zahlreichen Lebensformen. Heute ist diese Botschaft mehr denn je ein Zeichen dafür, daß wir uns alle im selben Boot, auf demselben Planeten befinden, der uns – in einem kosmischen Glücksfall – Lebensmöglichkeiten bietet, die wir nicht leichtfertig aufs Spiel setzen dürfen.

II. Und ein Menschensohn wurde geboren

Seltsame Ereignisse um die Geburt Jesu

Wenn wir die Aussagen in der Bibel – und auch die in anderen alten Schriften – nicht nur psychologisch deuten wollen, sondern wörtlich nehmen, dann scheinen gewisse »Göttergestalten« einstmals vom »Himmel« gekommen zu sein. Der »Himmel« stellt sich uns heute als das »Weltall« dar, was demnach bedeuten würde, daß manche »göttlichen Erscheinungen« außerirdischer Herkunft waren.

So hatte offenbar auch die Geburt Jesu eine außerirdische Komponente, denn mit ihr verhielt es sich wie folgt: »Als seine Mutter Maria mit Joseph verlobt war, fand es sich, ehe sie miteinander lebten, daß sie empfangen hatte vom Heiligen Geist. Da aber Joseph, ihr Mann, gerecht war und sie nicht bloßstellen wollte, gedachte er, sie im stillen zu entlassen. Während er dies überlegte, da erschien ihm ein Engel des Herrn im Traum und sprach zu ihm: ›Joseph, Sohn Davids, scheue dich nicht, Maria deine Frau, zu dir zu nehmen, denn was in ihr gezeugt ist, ist vom Heiligen Geist. Sie wird einen Sohn gebären, und du sollst ihm den Namen Jesus geben, denn er wird sein Volk von seinen Sünden erlösen‹« (Matth. 1, 18–21).

Maria, die eine einfache Magd war, hatte, »ehe sie mit Joseph lebte«, sozusagen »empfangen«: vom medizinischen Standpunkt aus wurde sie also schwanger. In ihrem Leib reifte ein Wesen heran, das in die Weltgeschichte eingehen sollte. Ohne daß ihr Mann sie berührte. Die Botschaft hatte ein »Engel« übermittelt und Joseph nochmals eindringlich darauf aufmerksam gemacht: »Siehe, die Jungfrau wird empfangen und einen Sohn gebären, und man wird ihm den Namen Immanuel geben«, das heißt: Gott mit uns. Wie immer man dies deuten mag, Joseph tat, wie ihm geheißen, »und nahm seine Frau zu sich, erkannte sie aber nicht, bis sie einen Sohn geboren hatte; und er gab ihm den Namen Jesus« (Matth. 1,23–25).

Joseph, der Zimmermann war, tat also nicht das, was wohl jeder Mann mit seiner Geliebten tun würde. Er »erkannte« Maria nicht – was bedeutet, daß Joseph (und darüber sind sich die Bibelexperten einig) seine Frau nicht berührte, bis sie schließlich einen Sohn geboren hatte.

Bereits hierüber sollten strenggläubige Menschen nicht weiter nachdenken. Es war eben so und basta! Manche werden sich damit aber nicht begnügen. Es sind hier zuviele »materielle Ereignisse« im Spiel, die eine rein psychologische Erklärung nicht zulassen.

Da ist ein »Heiliger Geist«, der offenbar himmlischer Herkunft ist. Da sind zwei »Engel« als Vermittler zwischen Himmel und Erde. Und da ist eine Geburt, die nicht nach herkömmlichen, irdischen Gesetzen ablief.

Der »Heilige Geist« kann nun eine rein religiöse Vorstellung sein. Eine »höhere Eingebung«, durch die ein Ereignis eine besondere Bedeutung erlangen sollte. Diese Eingebung könnte man auch noch nachträglich, nachdem man erkannt hat, daß ein Ereignis bedeutend war, »erfinden«, doch würden wir dadurch die »göttlichen Dinge« auf eine rein menschliche, irdische Ebene stellen, die uns nicht viel weiterbringen würde. Nein, wir werden noch sehen, daß solche »Eingebungen« durchaus von einer »höheren Macht« gesteuert sein können, daß sich dahinter eine Intelligenz verbergen könnte, die weit über das Irdische hinausgeht.

So dürfte dieser »Heilige Geist«, der dem Joseph eine Mitteilung zukommen ließ, doch eine außerirdische Erscheinung gewesen sein, die sich auf unserer Erde (durch Jesus Christus) manifestierte. Es könnte sich dabei um eine Erscheinung handeln, die sich (in ihrem Ursprung) auf der Erde nicht »materialisieren« konnte oder vielleicht gar nicht wollte. Sie benötigte aber einen »Menschensohn«, um ihre Vorhaben zu verwirklichen.

Dabei bediente sie sich gewisser »Engel« als Vermittler zwischen sich und einigen (meist auserwählten) Menschen. »Engel« treten häufig in weißer, heller oder leuchtender menschenähnlicher Gestalt auf. Es könnte sich also um eine Art

»Energiewesen« handeln, die aber doch schon ziemlich materielle Formen annehmen, so daß sie von uns wahrgenommen werden können. Diese »Engel« scheinen also keine Astronauten im herkömmlichen Sinne zu sein, die einstmals zu uns auf die Erde kamen. Es muß mehr dahinterstecken.

Natürlich kann man annehmen, daß hier von außerirdischen Wesen eine Empfängnis bewirkt wurde, die der heutigen künstlichen Befruchtung im Mutterleib oder auch außerhalb desselben nahekommt. Frauen, die sonst keinen Nachwuchs bekommen können, steht heute die Möglichkeit offen, mittels Einbringung männlicher Samenzellen in die weibliche Eizelle ein gesundes Kind zur Welt zu bringen.

Ich möchte nun Jesus Christus nicht einfach als Sprößling eines Cloning-Vorgangs von außerirdischen Intelligenzen betrachten. Die künstliche Befruchtung steht uns Menschen ja erst seit kurzer Zeit und in recht rudimentärer Form zur Verfügung. Außerirdische Intelligenzen, die sie möglicherweise schon seit Jahrtausenden praktizieren, könnten dabei zu viel fortgeschritteneren, für uns absolut unvorstellbaren Möglichkeiten gelangt sein. Sie würden vielleicht in das Erbgut eingreifen, also eine Gen-Manipulation vornehmen, wozu auch der Mensch bereits imstande ist. Vielleicht könnten sie aber auch durch bestimmte Strahlen oder auf irgendeine mediale Art die Vorgänge im Mutterleib beeinflussen. Wir können derzeit nur Vermutungen darüber anstellen.

Feststehen dürfte aber, daß bei der Geburt Jesu irgendein außer- oder überirdischer Einfluß stattgefunden hat, der diesem Ereignis eine Besonderheit verlieh, so daß es der Menschheit für immer im Gedächtnis haften blieb.

In den Tagen des Kaisers Augustus sollte eine Volkszählung stattfinden, und alle Personen mußten zu diesem Zweck in die nächst gelegene Stadt reisen. Auch Joseph und Maria taten dies. Joseph zog also von seiner Heimatstadt Nazareth nach Bethlehem, »um sich mit Maria, seiner Verlobten, die schwanger war, eintragen zu lassen. Und sie gebar ihren Sohn, den Erstgeborenen, wickelte ihn in Windeln und legte ihn in eine Krippe, weil für sie kein Platz in der Herberge war« (Luk.

2,5–7). Dies könnte im Jahr 6 v. Chr. geschehen sein, worauf ich später noch zurückkommen werde.

Als nun Jesus geboren wurde, sollte dieses Ereignis weithin bekannt werden. Zu dieser Zeit sollen gerade »Hirten auf dem Felde, die Nachtwache hielten bei ihrer Herde« (Luk. 2,8) gewesen sein. Plötzlich trat ein »Engel« zu ihnen, und »die Herrlichkeit des Herrn umstrahlte sie«, und sie fürchteten sich sehr, doch der »Engel« sprach: »Fürchtet euch nicht! Denn siehe ich verkünde euch eine große Freude, die dem ganzen Volke zuteil werden wird. Denn heute ist euch in Bethlehem ein Heiland geboren, nämlich der Messias, der Herr. Dies soll euch das Zeichen sein: Ihr werdet ein Kind finden, in Windeln eingewickelt und in einer Krippe liegend.« Dann sahen die Hirten noch eine Erscheinung wie »eine Menge himmlischer Heerscharen«, und »als die Engel von ihnen weg in den Himmel genommen waren, sprachen die Hirten zueinander: ›Laßt uns nach Bethlehem gehen und schauen, was geschehen ist und was der Herr uns kundgetan hat.‹« Und sie fanden Maria und Joseph und das Kind, das in der Krippe lag, und »als sie es aber sahen, berichteten sie von dem Wort, das ihnen über dieses Kind gesagt worden war. Und alle, die es hörten, wunderten sich über das, was ihnen von den Hirten erzählt wurde« (Luk. 2,10–18).

Gleichzeitig zog ein »Stern« herauf und leitete auch wichtige Persönlichkeiten zur Geburtsstätte: »Als nun Jesus geboren war, zu Bethlehem in den Tagen des Königs Herodes, da kamen Weise aus dem Morgenlande nach Jerusalem und sagten: ›Wo ist der neugeborene König? Wir haben seinen Stern im Aufgehen gesehen und sind gekommen, ihm zu huldigen‹« (Matth. 2,1). Auch König Herodes »ließ alle Hohepriester und Schriftgelehrten des Volkes zusammenkommen und forschte aus, wo dieser Messias geboren wurde«.

Nachdem die Gelehrten den König angehört und festgestellt hatten, wo Jesus geboren war, brachen sie auf und folgten dem »Stern«: »Und siehe, der Stern, den sie im Aufgehen gesehen hatten, zog vor ihnen her, bis er ankam und stehenblieb über dem Ort, wo das Kind war« (Matth. 2,9). Viele Gelehrte haben sich schon den Kopf darüber zerbrochen, was nun dieser Stern in Wirklichkeit gewesen sein mag. Die Palette der Meinungen reicht von einem Kometen über eine Supernova (wie ich bereits ausgeführt habe), eine besondere Planetenkonstellation bis hin zu einem außerirdischen Raumschiff.

In mittelalterlichen Darstellungen – und auch heute noch – wird dieser Stern als Komet, also als ein Schweifstern, dargestellt. Auch zur Zeit des Herodes waren solche Himmelsereignisse bereits bekannt, und sogar schon früher den Babyloniern, denen man nachsagt, die Astrologie eigentlich erfunden zu haben. So erscheint es nicht unlogisch, daß zur Zeit der Geburt Jesu irgendein besonderes Himmelsschauspiel zu sehen war, das sich in der Erinnerung der Menschen niederschlug.

Die ältesten Kometenaufzeichnungen finden wir in chinesischen Quellen. Zur Zeit der Geburt Jesu, im Jahre eins unserer Zeitrechnung (das Jahr null gibt es nicht, da die Berechnung mit Jesu Geburt beginnt), finden wir keine besonderen Kometenbeobachtungen. Was den Halleyschen Kometen betrifft, der im Jahr 1986 gut sichtbar war und sogar von Raumsonden angesteuert wurde, so reichen die chinesischen Quellen dazu bis zum Jahr 466 v. Chr. zurück. Damals wurde dieser Komet (der nach dem Wiederentdecker und Astronomen Edmund Halley benannt ist, der dessen Erscheinen für das Jahr 1758 voraussagte) von chinesischen Astronomen beobachtet und erstmals aufgezeichnet. Der Halleysche Komet hat eine durchschnittliche Umlaufzeit von 76 Jahren, er ist also etwa alle 76 Jahre am Himmel zu sehen und wurde auch im Jahre 1910 beobachtet und fotografiert. Aus den Aufzeichnungen geht nun hervor, daß dieser Komet im Jahre 11 v. Chr. und 77 Jahre später, im Jahre 68 n. Chr. zu sehen war. Beide Daten stimmen also mit dem Geburtsjahr Jesu nicht überein.

Der bedeutende Astronom Johannes Kepler machte dazu eine entscheidende Entdeckung. Kurz vor Weihnachten des Jahres 1603 entdeckte er mit seinem Fernrohr ein besonderes Himmelsereignis. Die beiden Planeten Jupiter und Saturn kamen sich im Sternbild der Fische scheinbar besonders nahe. Und zwar so nahe, daß sie mit bloßem Auge den Eindruck eines einzelnen großen Sternes erweckten. Kepler erinnerte sich an alte Schriften des jüdischen Schriftstellers Abravanel, in denen ein Hinweis zu finden war, wonach der Messias während einer besonderen Planetenkonstellation zwischen Jupiter und Saturn, im Sternbild der Fische, kommen werde. Kepler rechnete nach, und tatsächlich: Im Jahre 7 v. Chr., nach unserer Zeitrechnung, war dieses Himmelsschauspiel ebenfalls zu sehen.

Nun ist schon lange bekannt, daß Jesus nicht im Jahre eins unserer Zeitrechnung geboren wurde. Aufgrund verschiedener Berechnungsfehler und Kalenderänderungen ergab sich ein früherer Zeitpunkt. Auch aus Hinweisen in der Bibel (z. B. der Regierungszeit des Herodes von 40 v. Chr. bis zu seinem Tod im Jahre 4 v. Chr.) geht hervor, daß dieses Ereignis früher stattgefunden haben mußte. Selbst über den genauen Geburtstag Jesu, den 24. Dezember, kann man nur Vermutungen anstellen. Bekanntlich waren zu dieser Zeit »Hirten auf dem Felde, die Nachtwache hielten bei ihrer Herde« (Luk. 2,8), doch tatsächlich war dort bereits Winterzeit mit teilweise sehr niedrigen Temperaturen und die Herden längst eingebracht. Kepler berechnete für das Jahr 7. v. Chr. jedoch drei der oben erwähnten Planetenkonstellationen: eine am 29. Mai, eine am 3. Oktober und eine am 4. Dezember. Es könnte also für die Geburt Jesu eher der 29. Mai oder der 3. Oktober in Frage kommen. Andererseits dauert eine derartige Planetenstellung nur einige Stunden, und sie wäre bis zum 24. Dezember längst wieder verschwunden gewesen. Vermutlich hatten die Weisen aus dem Morgenland dieses himmlische Ereignis schon im Mai gesehen, es als eine Verkündigung gedeutet und sind aber erst im Dezember am Geburtsort Jesu angelangt. Auch aufgrund dieser Überlegungen können wir über den genauen Zeitpunkt des Auftretens des »Sterns von Bethlehem« keine endgültige Aussage machen.

Im Jahre 1981 wiederholte sich das Schauspiel. Am 14. Januar, am 19. Februar und am 30. Juli standen die beiden Planeten Saturn und Jupiter im Sternbild Jungfrau in der erwähnten Konjunktion. Diese Stellung wird sich erst im Jahr 2238 wiederholen. Das Interessante daran war jedoch, daß ein Jahr später, nämlich 1982, der Mars ganz dicht bei Saturn und Jupiter stand, und zwar genau am 9. Juli und am 10. August. Der Mars war also eigentlich in diesen »Stern von Bethlehem« mit einbezogen. Das war wahrscheinlich auch im Jahre 6 v. Chr. der Fall, und vielleicht war dieses Ereignis sogar entscheidend. Auch Kepler blieb, trotz seiner Berechnungen ins Jahr 7 v. Chr., aufgrund astrologischer Aufzeichnungen beim Jahr 6 v. Chr. In jenem Jahr spitzten sich auch die politischen Wirrnisse um König Herodes zu, der selbst eine Art Messias sein wollte und deshalb von den Pharisäern (die eine andere Vorstellung vom Messias hatten) verspottet wurde, worauf er diese kurzerhand hinrichten ließ. Es ging damals aber möglicherweise gar nicht so sehr um das »Leuchten« dieser Planetenstellung (im Jahre 1981 hat das ja auch kaum Aufsehen erregt), sondern vielmehr um ein himmlisches Zeichen im Sinne von »Seht, von dort kommt er«. Denn der wahre »Stern von Bethlehem« zeigte ein recht eigenartiges Verhalten.

Bleiben wir bei den Worten der Bibel, denn dort steht unmißverständlich: Der »Stern zog vor ihnen her, bis er ankam und stehenblieb über dem Ort, wo das Kind war« (Matth. 2,9). Wenn das tatsächlich der Fall war und wir nicht annehmen, daß das Ganze nur psychologisch zu deuten ist, dann kam vom Horizont her irgendein Gebilde, das den Weisen und Gelehrten vorauseilte und das dann über dem Geburtsort stehenblieb. Also wurde dieser »Stern von Bethlehem« offenbar auf irgendeine Art und Weise intelligent gesteuert, was die Astronauten-Version erhärten würde.

Der russische Philologe Wjatscheslaw Saizew sah schon in den sechziger Jahren in dem Stern von Bethlehem ein außerirdisches Raumschiff. In der Zeitschrift »Sputnik« stellte er 1968 seine Meinung ausführlich dar. Aus apokryphen Texten (das sind Texte, die nicht in die herkömmliche Bibel aufgenommen wurden), die in die belorussische Sprache übersetzt wurden, gehe laut Saizew ein besonderer Aspekt hervor. Es sei dort von drei Magiern die Rede und davon, daß der »Stern« in vielen orientalischen Ländern beobachtet worden sei, und des Nachts habe er »einer Sonne gleich« geleuchtet. »Als am Abend die Sterne aufflammten, habe der große Stern so hell geleuchtet, daß zwischen ihm und der Sonne kein Unterschied gewesen sei. Von seinem Abstieg auf dem Berg heißt es: ›Leicht wie ein Adler glitt er auf den Berg hinab‹.« Das Apokryph enthalte noch einen Hinweis auf »einige Bücher«, in denen die Rede davon ist, daß Jesus von diesem Stern gestiegen sei. »Jener Stern war aber nicht so, wie man ihn in unseren Ländern in den Kirchen malt, sondern er hatte Schwingen wie ein Adler und viele lange Strahlen«, die den Stern »im Kreis bewegten«, als er auf dem Berg Wans niederging.

In diesem Zusammenhang weist Wjatscheslaw Saizew auch auf Fresken hin, die im Kloster Desani, im südlichen Jugoslawien, in Kosovo-Metohija, im Frühjahr 1964 entdeckt wurden. Die Zeitschrift »Svijet« zeigte Bilder von den Fresken mit Schlagwörtern wie: »Raumschiffe an der ›Passion von Desani‹?« und »Sputniks auf unseren Fresken« oder »Sollen die Ikonenmaler in Desani Raumschiffe dargestellt haben?«. Saizew meinte dazu: »Es hat in der Tat den Anschein, daß die Fresken von Desani Engel darstellen, die mit Raumschiffen, modernen Sputniks gleich, fliegen. Auf den Fresken sieht man zwei raumschiffähnliche Gebilde, die hintereinander von West nach Ost fliegen. Im ersteren sitzt ein Wesen ohne Heiligenschein. Seine Hand ruht auf einem unsichtbaren Schalthebel; sein Blick ist nach unten gerichtet, als achte es auf den Raumflieger hinter ihm. Dieser sieht dem ersten ähnlich und hat auch nichts mit den herkömmlichen Engelsfiguren gemein. Seine Hand liegt ebenfalls auf dem Steuer.« Die »Raumschiffe« sind, nach Saizew, »stromlinienförmig«, und man sieht deutlich »Düsenspuren«. Die Zeitschrift »Svijet« schließt mit den Worten: »In den Flugapparaten sitzen Heilige in den Posen von Piloten.« Und das über der Figur des gekreuzigten Jesus! Eine weitere Publikation bekräftigt die Meinung, daß Jesus ein Sendbote aus dem Kosmos gewesen sei.

Nicht nur im Kloster von Desani findet Saizew solche Darstellungen. Eine Ikone aus dem 17. Jahrhundert, in der Moskauer Geistlichen Akademie, zeigt Jesus zur Zeit seiner Auferstehung in einem raumschiffähnlichen, stromlinienförmigen Gebilde. Das Bild heißt »Christus in der Mandorla«. »Das Gehäuse strömt unten zu beiden Seiten Dampf aus, der die Beine der flankierenden Engel verdeckt. Ebenso wie im Fresko von Desani zieht Jesus mit seiner Rechten einen Menschen mit sich (nach der kirchlichen Lesart soll das Adam sein). Auf der anderen Seite wartet Eva, mitgenommen zu werden«, schreibt Saizew. Die Ikone soll »zweifellos apokryph« sein, und angeblich soll es sogar ein schriftliches Apokryph geben, das die Himmelfahrt Jesu ganz anders als die herkömmliche Lesart beschreibt. Wo dieses Schriftstück existiert, ist nicht bekannt. Es könnte der Kirchenzensur zum Opfer gefallen sein.

Der umstrittene Ufo-Kontaktler George Adamski behauptete in den fünfziger Jahren, mit außerirdischen Wesen Kontakt gehabt zu haben. In seinem Buch »Im Innern der Raumschiffe« vertrat er die Meinung: »Alle anwesenden Messiasgestalten waren einmal auf der Erde gewesen, und jeder von ihnen war mit dem Vorsatz gekommen, den Menschen die wahre, richtige Lebensführung zu zeigen. Die Erde war jedoch nicht der einzige Planet, dem ihre Besuche galten; der gleiche Dienst wurde auch dem Mars erwiesen.« Kam Christus vom Mars? War Jesus ein Abkömmling einer marsianischen Kultur?

Der Philologe Saizew ist der Ansicht, daß der Ursprung des Menschengeschlechts eines der geheimnisvollsten Probleme der Gegenwart sei. Er hat dazu drei Thesen: Entweder ist der Mensch das Ergebnis der Evolution auf Erden; eine Schöpfung Gottes; oder er entwickelte sich ursprünglich auf einem anderen Planeten. Die Evolution auf der Erde läßt noch viele Lücken offen, das »Bindeglied« zwischen Affe und Mensch ist nach wie vor nicht gefunden; eine spontane »Schöpfung« des Menschen ist wissenschaftlich nicht vertretbar; viele Mythen sprechen aber davon, daß der Mensch »nicht von dieser Erde« ist. »Sind wir Enkelkinder des Mars?« fragt Saizew daher nicht ganz ohne Grund.

Es dürfte jedenfalls feststehen, daß irgendein kosmisches Ereignis die Ankunft Jesu verkündete. Vor einiger Zeit ist wieder solch ein kosmisches Ereignis eingetreten: die Supernova-Explosion in der Großen Magellanschen Wolke am 24. Februar 1987. Kündigt sie die versprochene Wiederkehr Christi an? Die

Ankunft eines »Erlösers«, eines »Messias« oder einer außerirdischen Macht? Desgleichen hat sich die Planetenkonstellation vom Jahre 7 bzw 6 v. Chr. in den Jahren 1981 und 1982 wiederholt. Auch das könnte ein Hinweis darauf sein, daß aus der Richtung dieser Planeten jemand kommen wird, der versprochen hat, wiederzukehren.

III. Ein kosmischer Lichterbaum

Das Geheimnis der »heiligen Bäume«

Mit der Geburt Jesu ist auch der Lichter- oder Weihnachtsbaum verbunden. Man sieht ihn heute an vielen Orten der Welt, geschmückt mit verschiedenen Accessoires und Leckerbissen. Meist werden dafür kleine Tannen oder Fichten verwendet, oder auch andere Bäume, aber es finden sich heutzutage auch diverse Kunststoffattrappen. Auf solchen Kultbäumen werden Lichter angebracht, entweder in Form von Kerzen oder elektrischer Beleuchtung. Das Ganze soll, besonders am Weihnnachtstag, eine feierliche Stimmung vermitteln und ist eigentlich als Krönung einer unter diesem Baum stehenden Krippe mit dem Jesuskind gedacht. Jesus, mit seinen irdischen Eltern Joseph und Maria, mit den drei Weisen aus dem Morgenland und einigen Hirten mit Schafen, liegt also symbolisch unter einem großen Lichterbaum, der mit allerlei Gaben behängt ist.

Diese Darstellung existiert noch nicht sehr lange. Der Lichterbaum als Tannenbaum ist erst seit dem Jahre 1605 n. Chr. belegt und als »Weihnachtsbaum« erst seit 1652 n. Chr. in Straßburg, im Elsaß, bekanntgeworden. Jahrhundertelang wurde dieser Baumkult verdängt, obwohl er weit in die Geschichte zurückreicht. Fast alle Völker der Erde kennen solche Kultbäume. Den Sumerern, den Assyrern, den Babyloniern, den Ägyptern, den Griechen sowie den Germanen und auch im alten Amerika waren »heilige Bäume« bekannt. Bei den Germanen war es die heilige Esche »Yggdrasil«; bei den Finnen »iso tammi«, die »große Eiche«; bei den Sumerern »gischgana«, der Baum, »der sich über alle Länder erhebt«, und aus dem assyrischen und babylonischen Raum kennen wir die bekannten »Lebensbäume«.

Die germanische Mythologie bezieht sich auf einen Ursprung, nach dem das ganze Universum ein Baum ist, von gewaltigen Ausmaßen und wunderbaren Eigenschaften, dessen

Zweige Schatten auf die ganze Erde werfen und dessen Wurzeln sich tief in die Erde senken. Seine Krone reicht bis in den Himmel, wo sie in einer »Wolke von Licht schwimmt«. Diese wundersame Esche reicht in alle Teile des Universums. Die »große Eiche« der Finnen soll so groß sein, daß sie das Licht der Sonne, des Mondes und der Sterne verdunkelt. Die Bezeichnung »Weihnachten« kommt übrigens von den germanischen »wihen nechten«, den »heiligen Nächten«.

In den mythologischen Vorstellungen der Sibirier, der alten russischen Völker, ist die Achse des Universums eine Birke, Lärche oder Eiche aus Gold. Sie durchdringt den Mittelpunkt oder Nabel der Welt und den Himmel, dort wo der Polarstern steht. Die Äste dieses gewaltigen Baumes reichen in alle Himmelssphären und ihre Wurzeln bis in die Erde hinab.

Man muß sich dabei vorstellen, daß die alten Völker eng mit den Sternen am Himmel verbunden waren. Sie hatten genug Zeit, die Gestirne zu betrachten, und sie hatten oft auch bessere Voraussetzungen dazu. Wir heutigen Menschen mit unseren technischen Errungenschaften, die neongefüllt die Nacht zum Tage machen, haben dazu ein anderes Verhältnis entwickelt. So fehlt uns manchmal auch das richtige Verständnis für mythologische Vorstellungen in Verbindung mit himmlischen Geschehnissen. Es zeigt sich aber, daß gerade die bedeutendsten mythologischen Erklärungen der Welt kosmischen Ursprungs sind. So hat auch der Lichterbaum, den heute so viele Menschen – in Verbindung mit der Geburt Jesu – in ihr Heim tragen und reich verzieren, einen kosmischen Ursprung.

Wenn man in klaren Nächten an günstigen Orten zum Himmel blickt, kann man dort eine Ansammlung zahlloser Sterne sehen, die sich als eine Art Band über den ganzen Himmel zieht. Mitunter zeigt sich dieses Band mit zwei Verzweigungen am nördlichen Horizont, so daß es aussieht wie ein gigantischer Baum. Erich Zehren hat in seinem Buch »Der gehenkte Gott« viele mythologische Vorstellungen mit himmlischen Ereignissen erklärt. So schildert er folgendermaßen: »Blickt man zu Beginn des Frühlings kurz nach Sonnenuntergang zu den Sternen, dann steht, falls der Himmel klar genug ist, dort ein riesiger, glitzernder Baum am Himmel. Sein mächtiger Stamm reckt sich im Süden aus der Tiefe, strebt ziemlich dicht am Nordpol vorbei und senkt sich dann wieder zum Horizont. Es ist der Baum, der heute ›Milchstraße‹ genannt wird.« Das ist der wahre Baum, den viele Völker in ihre Mythen aufgenommen haben und der mit unzähligen Lichtern übersät ist. Dieser himmlische Baum war natürlich der Wohnsitz der Götter und Spender alles Lebens zugleich. Es ist die »Milchstraße«, unsere eigene Galaxis mit etwa 200 Milliarden Sonnen und einer Ausdehnung von bis zu 100 000 Lichtjahren.

Natürlich wurde dieser »kosmische Lichterbaum« auch als »Himmelssäule« gesehen und dadurch zum Vorbild für viele irdische Kultpfähle und Steinsäulen (Menhire), die auch paarweise dargestellt wurden und – als eine Art Wächter – in Form von Obelisken manche Tempeltore und Grabbauten zierten. In Ägypten wurde daraus der sogenannte Ded-Pfeiler, der zugleich zu den häufigsten Totenamuletten zählte. Er zeigt fast immer ein säulenartiges Gebilde mit vier Querbalken, die vermutlich die vier Himmelsrichtungen oder Himmelsgegenden darstellen. Darauf befindet sich das Lebenskreuz beziehungsweise das »Ankh«-Zeichen, das dem Träger magischen Schutz geben soll. Daraus ragen meist zwei Arme, entsprechend dem »Ka«-Symbol, dem Zeichen für Lebensenergie. Beide Arme halten die Sonnenscheibe.

Das erklärt Erich Zehren folgendermaßen: Zu Beginn des Sommers z. B. »beherrschen die beiden Äste des Baumes den Himmel schon bei Sonnenuntergang. Der Baumstamm hingegen ist ganz verschwunden, und er taucht auch während der folgenden Nachtstunden nicht mehr auf. Dies erklärt sich durch den (scheinbaren) Lauf der Sonne durch das Jahr. Sie steht um die Sommersonnenwende so nahe am Baumstamm, daß dieser im engsten Strahlenbereich des Sonnenlichts nicht mehr sichtbar ist. Erst wenn sich die Sonne wieder weit genug entfernt hat, erscheint auch dieser Baumstamm wieder – gegen Herbst zu. In den Herbstmonaten wächst der Baumstamm mehr und mehr wieder heran. Nach Mitternacht leuchtet er breit und mächtig bis vor Sonnenaufgang zur schlafenden Erde herab. Im

Winter ist es dann umgekehrt: Die Äste bleiben unsichtbar, weil um diese Zeit die Sonne über sie hinwegzieht. Die Sonne steht sozusagen zwischen den Zweigen, sie krönt den Wipfel des mächtigen Baumes.« Ähnlich erscheint auf diese Weise auch der Mond zwischen oder auf den Zweigen.

Solche Darstellungen finden wir z. B. auf sumerischen Rollsiegeln: vereinfachte Abbildungen von Lebensbäumen mit der Mondsichel und dem Mondgott sowie dem Venusstern, dem Marsstern oder mit der Sonnenscheibe samt »Schöpferwesen«. Auch auf assyrischen Reliefs finden wir derartige Darstellungen, ebenso wie bei den alten amerikanischen Völkern (z. B. bei den Mayas). Gewisse Stammeszeichen, wie beispielsweise das »Kanaga«-Symbol bei den afrikanischen Dogon, sind ebenfalls aus diesem himmlischen Lebensbaum entstanden.

Aus dieser Ansammlung von Sternen oder aus dieser Richtung kamen vielleicht einst die »Schöpferwesen« zur Erde. Dabei deutet vieles besonders auf den »Marsstern« hin. In seinem Buch »Welten im Zusammenstoß« versucht Immanuel Velikovsky zu verdeutlichen, daß im 8. Jahrhundert v. Chr. der Planet Mars eine gewaltige kosmische Katastrophe verursacht hat. Er soll mit der Venus zusammengestoßen sein, was auf der Erde verheerende Folgen hatte. Astrophysikalisch gesehen, scheint das zu jener Zeit völlig unmöglich gewesen zu sein, doch könnte es sich durchaus um einen Kometeneinschlag auf dem Mars gehandelt haben. Dieser Katastrophe mußten die »Schöpferwesen« eventuell ausweichen und sind deshalb zur Erde gekommen. Jedenfalls erlangte von da an der Mars größere Bedeutung.

Auf babylonischen Inschriften wurde er »der allergegenwärtigste unter den Göttern« genannt. Zaubersprüche wurden zu dieser Zeit an den »Nergal-Stern« (den Mars) gerichtet. Damals wurde er auf Rollsiegeln als sechszackiger Stern dargestellt, die Venus entsprechend achtzackig und die Erde siebenzackig. Das könnte einen besonderen Grund haben. Wenn sich außerirdische Intelligenzen von außen her unserem Sonnensystem näherten, dann wäre Pluto der erste Planet, dessen Bahn sie kreuzen würden, und Mars (nach Neptun, Uranus, Saturn und

Jupiter) der sechste Planet; die Erde wäre dann der siebte und Venus der achte.

Da der Mars fast immer als Kriegsplanet angesehen wurde, hat sich daraus wahrscheinlich auch der »Kampfstern Davids«, der sechszackige Judenstern (dargestellt als zwei ineinander verschlungene Dreiecke) entwickelt. Das Dreieck ist ein altes Symbol für die Dreieinigkeit oder Dreifaltigkeit, entsprechend dem christlichen Symbol des Sitzes Gott Vaters, Gott Sohnes und des Heiligen Geistes. Ein anderer Name für den Mars war Nabu, Nebu oder Nebo. Auch in biblischen Texten erscheint dieser Name immer wieder. In altjüdischen und auch noch in mittelalterlichen Schriften wird der Erzengel Gabriel mit dem Mars in Verbindung gebracht. Er soll, nach einer jüdischen Sage, die Stadt Rom gegründet haben. Er führte das Schwert und kam in einer »Feuersäule« zur Erde nieder.

Auch das »Tor zum Jenseits« lag auf oder bei diesem himmlischen Lichterbaum, der manchmal auch als »Feuersäule« angesehen wurde. Das Tor liegt im oder beim Baumstamm, in der Richtung zum Sirius und zum Sternbild des Großen Hundes und des Orion. Deshalb stellten die Ägypter Steinsäulen, Obelisken, an die Tore ihrer Tempel und Gräber, wie z. B. einen heiligen Baum neben den Toreingang zum Osirisgrab. So kam alles Sein und Werden von diesem kosmischen Gebilde, und alles Vergangene und Sterbende wurde wieder darin aufgenommen.

In einigen religiösen Werken und Darstellungen wird dieses »Tor« als linsen- oder ellipsenförmige Öffnung zu den Sternen gezeigt. Von Genien (Schutzgeistern, Engeln) begleitet, wird der Sterbende ins kosmische Jenseits geführt. In diese oder aus dieser himmlischen Pforte tritt in einigen Darstellungen auch Jesus heraus bzw. hinein. Die kosmische Bedeutung von Jesus Christus ist also auch hier eindeutig.

Wahrscheinlich ist auch das Kreuz Jesu, das lateinische Hoch- oder Passionskreuz, in seinem Ursprung als ein Symbol des himmlischen Lebensbaumes anzusehen. Als uraltes Zeichen ging das Kreuz in verschiedensten Variationen durch die Kulturen aller Völker. Der vertikale Balken war das Symbol für die Milchstraße und der horizontale das für die Bahn des Tierkreises und des Himmelsäquators. Im Lateinischen heißt Kreuz »crux«, und das bedeutete ursprünglich »Pfahl«. Die ersten Gekreuzigten wurden ganz einfach an Pfähle oder Bäume gebunden, erst später hat sich der Kreuzbalken entwickelt.

Auch die bekannte »Bundeslade«, die Moses auf höheres Geheiß anfertigte, hat eigentlich einen kosmischen Ursprung. So schreibt Erich Zehren: »Wer den Sternenhimmel beobachtet, dem kann nicht entgehen, daß sich der Ort, an dem die abnehmende Mondsichel zuletzt erscheint – und der Ort der neuen Mondsichel – im Laufe des Jahres durch einen großen Kreis bewegt. Weil nun zwischen der sterbenden und der auferstehenden Mondsichel die ›Lade des Herrn‹ liegt, wandert diese mit der Mondsichel über die Sternbilder des Winters und des Frühlings nach und nach dem Baumstamm zu.« Tatsächlich hat man den Eindruck, zwischen den beiden Erscheinungsorten der Mondsichel eine Art »Lade« zu erkennen.

Andererseits wird durch das Hindurchziehen der Mondsichel durch den himmlischen Lebensbaum dieser gespalten, so daß der Baumstumpf übrig bleibt, der auch als Stein angesehen wurde, auf dem dann die Lade steht, und so berichtet auch die Bibel: »Daselbst lag ein großer Stein« (1. Sam. 6,14). Nach der Vorlage dieses himmlischen Schauspiels fertigte Moses eine Lade, einen Kasten an, der dann selbstverständlich zur Gottesgabe und zum Kultsymbol wurde, in späterer Form wahrscheinlich auch zur »Krippe« Jesu.

Eine ähnliche Erklärung findet sich in diesem Zusammenhang auch für den plötzlichen Tod Usas, als er die Gotteslade berührte. Wenn die Lade nun ein himmlisches Vorbild hatte, dann ist leicht einzusehen, daß auch Usa ein himmlisches Symbol gewesen sein muß. In der jüdischen Überlieferung war Usa der Sternenengel Ägyptens, also höchstwahrscheinlich der Mars. »Er wurde ins Rote Meer geschleudert, als die Juden hindurchzogen«, weiß die habylonische Astronomie zu berichten. Im Arabischen heißt der Planet Venus »al-Usa«, und die Ägypter »pflegten al-Usa Menschenopfer darzubringen«, wie z. B. Diodor berichtet. So ist es klar, daß Usa (der anscheinend die

Zeremonie stören wollte) sterben mußte, als er der himmlischen Gotteslade, in Form des Marssterns, zu nahe kam.

Dies zeigt uns jedenfalls, wie eng die Menschen schon immer mit dem Kosmos verbunden waren und wie eng sie auch in Zukunft damit verbunden sein werden. Selbstverständlich blickten die Menschen zum Himmel hinauf und suchten die Götter, die dann vielleicht wirklich kamen – in welcher Form auch immer. Andererseits sind wir eingebunden in dieses kosmische Geschehen. Wir sind ein Licht in dieser Ansammlung von Sternen, und vielleicht befinden sich darunter auch einige Planeten, die Leben tragen, wie wir es kennen. Vielleicht kam einst von einem dieser Planeten ein Erlöser oder Messias, den wir heute noch Jesus Christus nennen. Wenn wir am Heiligen Abend die Kerzen am Lichterbaum anzünden, dann holen wir symbolisch die Sterne in unser Heim; dann zeigen wir damit, daß wir »Sternenkinder« sind und daß es da draußen etwas gibt, das uns Aufschluß geben könnte über unsere wahre Herkunft und unseren wahren Schöpfer.

IV. Die Saat ging auf

Entwicklung einer außergewöhnlichen Persönlichkeit

Über die Zeit unmittelbar nach der Geburt Jesu, seine Kinderjahre, wissen wir nur wenig. Man muß sich dabei klarmachen, daß hier eine bedeutende Persönlichkeit heranreifte, die in die Weltgeschichte eingehen sollte. Darauf mußte Jesus geistig und körperlich erst vorbereitet werden. Einem Kleinkind, und sei es noch so begabt, schenkt man häufig nur wenig Glauben, und auch mit dem nötigen Respekt nimmt man es nicht so genau. Außerdem fehlt einem Kind die nötige Lebenserfahrung, und es weiß noch nichts über die Vorgänge in der Welt.

Jesus mußte also erst entsprechend ausgebildet werden, um sich den Gesetzen der Welt stellen zu können. Wer ihm diese Ausbildung zukommen ließ, wissen wir nicht genau. Aufgrund der Aussagen, die Jesus später machte, und der Taten, die er vollbrachte, müßte es sich um eine gründliche Schulung, die mit den irdischen und kosmischen Gesetzen im Einklang stand, gehandelt haben.

Es zeigten sich schon früh einzelne Hinweise, daß Jesus sich zu einem »Wunderkind« entwickeln würde. Wie jedes Jahr zog er mit seinen Eltern am Osterfest nach Jerusalem. Dort verließ er sie kurzerhand und ging in den Tempel, um mitten unter den Lehrern zu sitzen und ihnen zuzuhören. Er war damals zwölf Jahre alt, wie die Bibel zu berichten weiß: »Und als er zwölf Jahre alt war, gingen sie der Festsitte gemäß hinauf. Als die Tage vorüber waren und sie wieder heimkehrten, blieb der Knabe Jesus in Jerusalem, und seine Eltern wußten es nicht. In der Meinung, er sei bei der Reisegesellschaft, gingen sie eine Tagreise weit und suchten ihn unter den Verwandten und Bekannten; da sie ihn nicht fanden, kehrten sie nach Jerusalem zurück und suchten ihn« (Luk. 2,42).

Erst nach drei Tagen fanden sie Jesus im Tempel, »wie er mitten unter den Lehrern saß, ihnen zuhörte und sie fragte«. Die

Lehrer aber staunten »über seine Einsicht und seine Antworten«, sie waren »fassungslos«, und seine Mutter sagte zu ihm: »Kind, warum hast du uns das angetan? Siehe, dein Vater und ich suchen dich mit Schmerzen.« Doch Jesus antwortete ihnen: »Warum habt ihr mich gesucht? Wußtet ihr nicht, daß ich in dem sein muß, was meines Vaters ist?« Doch sie verstanden ihn nicht und auch nicht »das Wort, das er zu ihnen sprach« (Luk. 2,46–50).

In welcher Sprache redete Jesus, und welche Worte verwendete er, so daß ihn nicht einmal seine Eltern verstanden? Jesus spricht hier auch erstmals von einem »Vater«, in dem er sein muß, und meinte damit sicher nicht Joseph. Und als sie nach Nazareth zurückgingen, bewahrte Maria diese Worte im Herzen, und »Jesus nahm zu an Weisheit und Alter«. Dann verliert sich die Spur über die Lehr- und Ausbildungsjahre Jesu – doch bestimmte Hinweise scheint es noch zu geben.

Da existieren z. B. Berichte und Überlieferungen, die bezeugen sollen, daß Jesus mit seinem irdischen Vater Joseph nach England reiste. In Cornwall, an der Mündung des Camels, befindet sich angeblich ein »Jesusbrunnen«, und die Bewohner des kleinen Dorfes Priddy, etwa acht Meilen nördlich von Glastonbury, erzählen sich eine Legende, wonach Jesus als Knabe dort gewesen war. Die Bewohner haben heute noch bei besonderen Anlässen folgendes Sprichwort parat: »Das ist so sicher, wie unser Herr in Priddy war.« Möglicherweise erlernte Jesus von seinem irdischen Vater Joseph das Zimmermannshandwerk, und daher nehmen einige an, er habe sich ein Schiff gebaut und sei von Tyrus, einer antiken phönizischen Stadt, aus nach Westengland gesegelt und habe dort einen ganzen Winter verbracht.

Bereits kurz nach Jesu Tod soll sich in England das Christentum ausgebreitet haben. Nach dem Schreiber Gildeas war dies kurz nach der Regierungszeit von Kaiser Tiberius, also nur vier Jahre nach der Kreuzigung, der Fall. Ein metallenes Trinkgefäß aus dem ersten Jahrhundert, das am Hadrian-Wall gefunden wurde, soll zweifelsfrei christliche Schriftsymbole tragen. Der Name Glastonbury taucht in alten religiösen Texten unter

»Glastoniy« auf. Dazu schreibt der englische Schriftsteller Geoffrey Ashe: »Die Anwesenheit des heiligen Joseph in England wäre zu sonderbar, wenn es sich nur um reine Erfindung handeln würde.« Es stellt sich allerdings die Frage, welchen Grund Joseph, der Zimmermann, gehabt haben mag, mit dem kleinen Jesus diese weite Reise nach England zu unternehmen.

Ende des 19. Jahrhunderts reiste der russische Abenteurer Nikolaus Notowitsch durch das Pandschabtal nach Kaschmir in Indien. Dort, im Bergland Ladakh, in dem buddhistischen Kloster Mulbek, erzählte ihm ein Mönch, ein sogenannter Lama, eine seltsame Geschichte: »Vor etwa zweitausend Jahren brach das vollkommene Wesen (der Buddha, Anm. d. Verfassers) seine Untätigkeit wiederum auf einige Zeit ab. Es nahm Fleisch an in dem Neugeborenen einer armen Familie, es wollte, daß der Mund eines Kindes unter Anwendung populärer Bilder die Unglücklichen über das Leben jenseits des Grabes aufklärte und die Menschen auf den Weg des Wahren zurückführte, indem es ihnen durch sein eigenes Beispiel die Bahn andeutete, welche sie am besten zur ursprünglichen sittlichen Reinheit leiten könnte. Als das heilige Kind ein gewisses Alter erreicht hatte, brachte man es nach Indien, wo es, bis es ein Mann geworden war, alle Gesetze des großen Buddha studierte, der ewig im Himmel wohnt.«

Diese Bemerkung machte den Abenteurer stutzig, denn das würde bedeuten, daß Jesus in seinen Jugendjahren in Indien gewesen sein müßte. »In der Tat«, fuhr der Mönch fort, »hat Buddha mit seinem rein geistigen Wesen Fleisch angenommen in der heiligen Person Issas, der ohne Anwendung von Feuer oder Schwert unsere erhabene und wahre Religion in der ganzen Welt verbreitet hat.«

Im Laufe des Gesprächs stellte sich heraus, daß die Buddhisten dort einen Propheten namens »Issa« kennen, den sie mit Jesus identifizieren. Der Name Issa sei unter den Buddhisten sehr geachtet, doch das sei eher den höheren Lamas bekannt. Issa war einer der ersten Propheten nach den zweiundzwanzig Buddhas und trat nach dem »großen Buddha, der Seele des Weltalls« auf. »Dieser umfaßt alle Dinge, vom Ursprung der

Wesen an, in sich, und sein Atem belebt die Welt. Er hat den Menschen seinen eigenen Kräften überlassen, doch zu gewissen Zeitpunkten tritt er indessen aus seiner Untätigkeit heraus und kleidet sich in eine menschliche Gestalt, um den Versuch zu machen, seine Geschöpfe dem unheilbaren Verderben zu entreißen«, wissen die Mönche dort zu berichten.

In Kaschmir, in Srinagar, gibt es einen jüdischen Tempel, den Tempel von Martand, zu dem die verschollenen Stämme Israels gewandert sein sollen. Dort liegt ein Berg Nebu, der dem Mosesberg Nebo entsprechen soll (Nebo, Nabu = Mars), wo der biblische Prophet schließlich sein irdisches Dasein beendete. In Srinagar gibt es erstaunlicherweise auch ein Grab, in dem Jesu Leichnam liegen soll. Jesus soll dort (nach der Auferstehung) hochbetagt, im Alter von etwa 115 Jahren, endgültig gestorben sein. Wurde hier der außerirdische Jesus begraben, nachdem er seine irdische Mission erfüllt hatte? In einem etwa zweihundert Jahre alten Geschichtsbuch namens »Tarik-i-Azami« wird berichtet: »Das dem des Sayid-Nasr-ud-Din benachbarte Grab ist allgemein als das eines Propheten bekannt, der zu den Einwohnern Kaschmirs gesandt wurde, und diese Stelle wird als Heiligtum eines Propheten verehrt. Er war ein Prinz, der aus der Fremde nach Kaschmir kam. Er war vollkommen in Frömmigkeit, Gerechtigkeit und Demut. Gott machte ihn zum Propheten und trug ihm auf, in Kaschmir zu predigen. Sein Name war ›Yus Asaf‹, was Jesus heißt.«

Möglicherweise könnte Jesus mit seinem irdischen Vater Joseph solche ausgedehnten Reisen unternommen haben. Da Jesus offenbar schon als Kind etwas Besonderes gewesen sein dürfte, könnten ihm eventuell verschiedene »Gönner« – vielleicht, weil sie von ihm in irgendeiner Weise geheilt werden wollten – diese Reisen ermöglicht haben. Wie wir noch sehen werden, hatte Jesus aber anscheinend auch überirdische Kontakte, z. B. zu Moses, so daß für diese weit voneinander entfernten Einflüsse auch eine andere Möglichkeit besteht.

Im Jahre 1947 entdeckte ein Hirte in der Felswand einer Höhle beim Toten Meer einige Tonkrüge, in denen sich Schriftrollen aus Leder und Papyrus befanden. Dieser Fund ist mittlerweile als die »Schriftrollen vom Toten Meer« oder die »Qumran-Texte« (da sich diese Felswand im Wadi Qumran befindet) in die christlich-wissenschaftliche Literatur eingegangen. Wie sich später herausstellte, enthalten diese Schriftrollen aus Tausenden Einzelteilen Aufzeichnungen aus der Zeit um 100 v. Chr. bis 70 n. Chr. Es sind Aufzeichnungen einer Glaubensgemeinschaft, deren Angehörige sich »Essener« nannten. Sie führten in der Wüste, nahe dem Toten Meer, ein asketisches Leben und lehrten bereits all die wichtigen Dinge, die auch Jesus später lehrte. Dies führte zu der Annahme, daß Jesus bei diesen Essenern gewesen sein müßte. Die Annahme beruht zum einen darauf, daß diese Glaubensgemeinschaft bereit war, Kinder aufzunehmen, solange sie noch in zartem Alter und bildungsfähig waren. Mag sein, daß Jesus von seinen Eltern gebracht wurde oder allein dorthin ging. Zum anderen beruht sie aber auch darauf, daß hier wahrscheinlich wieder gewisse »Engel« im Spiel waren, die für eine gründliche – aber geheime – Ausbildung Jesu sorgten. Die Essener waren vermutlich bereits dafür »vorprogrammiert«, denn sie nannten sich »Söhne des Lichts«. Außerdem hatten sie einen »Lehrer der Gerechtigkeit« als Oberhaupt, der eine geheimnisvolle Lehre verkündete. Sie war so geheimnisvoll, daß Jesus sie später zur Grundlage seiner Verkündigung nahm und weiter ausbaute.

Vielleicht waren die Essener »gestrandete Engel« oder eine Elitegruppe der »außerirdischen Kräfte«, die Jesus »in diese Welt« setzten. Merkwürdigerweiser erwähnt die Bibel diese Gruppe mit keinem Wort. Es findet sich nur eine Andeutung bei Lukas 16,8: »Denn die Söhne dieser Welt sind ihresgleichen gegenüber klüger als die Söhne des Lichtes.« Es gab also offenbar eine Art Wettstreit zwischen der Bevölkerung und den »Söhnen des Lichtes«. Der jüdische Geschichtsschreiber Josephus Flavius (um 37 bis 97 n. Chr.) berichtet jedoch in seiner »Geschichte des jüdischen Krieges«, daß es bei den Juden drei Arten von philosophischen Schulen gäbe, »die eine bilden die Pharisäer, die andere die Sadduzäer, die dritte, welche nach besonders strengen Regeln lebt, die sogenannten Essener«. Während die ersten beiden Gruppen im Neuen Testament mehrfach erwähnt werden, gibt es über die Essener keinen direkten Hinweis. Warum wurden sie von den Evangelisten totgeschwiegen? Aus welchem Grund mußten sie sich in den Bergen verstecken?

Wären die Schriftrollen nicht gefunden worden, hätte niemand von der Existenz dieser Gruppe gewußt; sie wäre weiterhin als Legende behandelt worden. Die Essener wußten aber ganz offenbar von den übermenschlichen Kräften Jesu, wie aus ihren Texten hervorgeht. Der Orientalist Robert Eisenmann hat in der Huntington-Bibliothek in Kalifornien ein Fragment der Qumran-Schriften entdeckt, auf dem von einem »für unsere Sünden durchbohrten« Messias die Rede ist. Offenbar hatten die Essener sogar von der Kreuzigung gewußt. Vielleicht waren sie es, die Jesus aus dem Grabe holten. Vielleicht verfügten sie über die dazu nötigen überirdischen Kräfte. Im Jahre 68 n. Chr. ist Qumran durch die Zehnte Legion des römischen Kaisers Vespasianus zerstört worden. Schon zuvor hatten die Essener eilig ihre Schriftstücke in Tonkrüge verpackt, dann ist die Gruppe nicht mehr aufgetaucht bis zu dem Fund im Jahre 1947. Von den Qumran-Schriften ist längst noch nicht alles entziffert, und vielleicht werden wir noch mehr über diese geheimnisvolle Gruppe und die Ausbildung Jesu erfahren.

Die Essener kannten jedenfalls bereits einen »Gemeinschaftsrat« von 12 Männern und 3 Priestern, und sie hatten »Älteste«. Aus der griechischen Bezeichnung »Ältester« (presbyter) ist das deutsche Wort »Priester« entstanden. Auch das Bischofsamt war den Essenern bereits bekannt. Beim feierlichen Gemeinschaftsmahl waren stets »Heilige Engel« zugegen. Vieles, was die Essener lehrten, ist später von Jesus verkündet worden. Das soll jedoch nicht heißen, daß das gesamte Christentum von den Essenern stammt. Die Grundgedanken finden wir auch in anderen religiösen und mythologischen Schriften, doch zeigt uns dies, daß Jesus offenbar auch eine irdische Lehre absolvieren mußte, um seine Mission – die ihm von »himmlischen Mächten« aufgetragen wurde – erfüllen zu können.

V. Das Wirken Jesu auf Erden
Sein Vaterhaus hatte viele Wohnungen

Dem Wirken Jesu, das nach Matthäus, Markus und Lukas nicht länger als eineinhalb Jahre gedauert hat, ging einer voraus, der in mancher Hinsicht schon als Messias angesehen wurde: Johannes der Täufer. Auch seine Geburt war von »himmlischen Mächten« beeinflußt worden. Ähnlich wie bei Jesus verkündete ein Engel seinem Vater die Geburt des Johannes. Der Vater »war ein Priester namens Zacharias aus der Priesterklasse des Abija, und seine Frau war von den Töchtern des Aaron und ihr Name war Elisabeth«, wie der Evangelist Lukas (1,5) berichtet. Elisabeth war aber »unfruchtbar«, wie es weiter heißt, und beide Eltern waren schon »in vorgerücktem Alter«. Als Zacharias einmal im »Tempel des Herrn« (der damalige Tempel von Jerusalem) ein Rauchopfer darbringen wollte, erschien ein »Engel des Herrn« und verkündete ihm: »Elisabeth, deine Frau, wird dir einen Sohn gebären, und du sollst ihm den Namen Johannes geben« (Luk. 1,13). Er wird »groß sein vor dem Herrn«, und »schon vom Mutterschoß an wird er mit heiligem Geist erfüllt werden«.

Da sagte Zacharias zu dem »Engel« etwas ungläubig: »Woran soll ich dies erkennen? Denn ich bin alt, und mein Weib ist vorgerückt in ihren Tagen.« Der »Engel« aber antwortete ihm: »Ich bin Gabriel, der vor Gott steht, und bin gesandt, zu dir zu reden und dir diese frohe Botschaft zu bringen. Siehe, du wirst stumm sein und nicht sprechen können bis zu dem Tage, da dies geschehen wird, weil du meinen Worten nicht geglaubt hast, die sich erfüllen werden zu ihrer Zeit.« Als Zacharias wieder aus dem Tempel kam, konnte er tatsächlich keinen Laut von sich geben, und die umstehenden Leute erkannten, daß er im Heiligtum eine Erscheinung gehabt habe«, denn »er gab ihnen Zeichen und blieb stumm«.

Zacharias blieb noch einige Tage im Tempel und ging dann

nach Hause. Dort hatte aber seine Frau mittlerweile »empfangen«, und sie verbarg sich daraufhin fünf Monate lang. Im sechsten Monat aber ging der »Engel«, der sich »Gabriel« nannte, in eine andere Stadt in Galiläa, nämlich nach Nazareth. Dort wohnte »eine Jungfrau, die verlobt war mit einem Manne namens Joseph und der Name der Frau war Maria« (Luk. 1,27). Dort verkündete der »Engel«, wie wir ja inzwischen wissen, der Maria ebenfalls eine Geburt: die Geburt Jesu. Und nicht nur das! Der »Engel« sagte auch: »Siehe, Elisabeth, deine Verwandte, auch sie hat einen Sohn empfangen in ihrem Alter, und dies ist der sechste Monat für sie, die als unfruchtbar galt, denn bei Gott ist kein Ding unmöglich.« Maria machte sich darauf sofort auf den Weg zu ihrer Verwandten. »Sie trat in das Haus des Zacharias und begrüßte Elisabeth.« Diese war so überrascht, daß das Kind »in ihrem Schoße hüpfte«. Maria blieb »ungefähr drei Monate bei Elisabeth und kehrte dann in ihr Haus zurück«. Die weitere Geschichte kennen wir ja.

Es steht also fest, daß die Mutter Johannes', nämlich Elisabeth, mit der Mutter Jesu, nämlich Maria, verwandt war. Daraus resultiert aber, daß auch Jesus und Johannes miteinander verwandt waren. Beide waren von »göttlicher Herkunft«, was bedeuten würde, daß beide von »himmlischen Wesen« gezeugt wurden. Jesus selbst hatte ja – durch seine Mutter Maria – später noch Geschwister, Schwestern und Brüder, bekommen, die aber offenbar nicht durch himmlische Einflüsse zur Welt kamen – jedenfalls scheint darüber nichts bekannt geworden zu sein. Es heißt nur, daß die Brüder Jesu Jakobus, Joseph, Simon und Judas waren (Matth. 13,55).

Wenn wir nun annehmen, Jesus wurde am 24. Dezember des Jahres 7 v. Chr. geboren, dann hatte seine Mutter Maria (nach irdischen Gesetzen) im März desselben Jahres empfangen.

Johannes müßte sechs Monate früher gezeugt worden sein. Seine Mutter Elisabeth hatte demnach im September des Jahres 8 v. Chr. empfangen, und Johannes müßte dann im Juni des Jahres 7 v. Chr. geboren worden sein. Nimmt man das Jahr der »Marskonjunktion« 6 v. Chr. als Ausgangspunkt, dann sind die Daten entsprechend später anzusetzen:

September	7 v. Chr.	Johannes gezeugt
März	6 v. Chr.	Jesus gezeugt
Juni	6 v. Chr.	Johannes geboren
Dezember	6 v. Chr.	Jesus geboren

Von diesem Gesichtspunkt aus hätte auch Johannes als »der Messias« in die Geschichte eingehen können. Tatsächlich fühlte sich aber Johannes selbst dazu nicht berufen, und Jesus nahm dann vermutlich doch ein schwereres Los auf sich. Andererseits war aber die Mutter des Johannes nicht mehr »rein«, nicht mehr jungfräulich, als sie Johannes empfangen hatte, so daß vielleicht auch dadurch die »göttliche Mission« nicht gegeben war. Das Ganze zeigt jedoch, daß hier von außerirdischen Kräften offenbar mehrere Versuche unternommen wurden, um ihr Ziel zu erreichen.

An den Ufern des Jordan, nicht weit von Qumran entfernt, begann jedenfalls Johannes noch vor Jesus mit seinem Wirken, nachdem er heranwuchs und »im Geiste erstarkte« und er in der Wüste ein asketisches Leben führte. Er war möglicherweise einer von den über Jesus informierten Essenern, und es war »im fünfzehnten Jahr der Regierung des Kaisers Tiberius, als Pontius Pilatus Statthalter war«, berichtet Lukas (3,1). Das war im Jahr 29 n. Chr., da Tiberius von 14 bis 37 n. Chr. regierte. Zu dieser Zeit predigte Johannes »eine Taufe der Umkehr zur Vergebung der Sünden« (Luk. 3,3), und er setzte das auch in die Tat um. Am Ufer des Jordan ließen sich zahlreiche Leute von ihm taufen, weshalb er »der Täufer« genannt wurde. »Da aber das Volk voller Erwartung war und sich alle in ihren Herzen über Johannes Gedanken machten, ob nicht etwa er selbst der Messias sei« (Luk. 3,15), antwortete er ihnen: »Ich taufe euch mit Wasser; es kommt aber der, der stärker ist als ich, dessen Schuhriemen zu lösen ich nicht wert bin; er wird euch in heiligem Geist und Feuer taufen. Denn ich sage euch«, sprach Johannes, »kehret um, denn das Himmelreich ist nahe gekommen« (Matth. 3,2). Johannes wußte offenbar, daß Jesus kommen und daß er (den er ja gut kannte) der wahre Messias (hebräisch »der Gesalbte«, griechisch »Christos«, auch »Chrestos«, der »Wertvolle«, der »Tüchtige«, der »Gute«, später auch »Erlöser«) sein würde. »Der nach mir kommt, ist mir voraus, weil er vor mir war«, verkündete Johannes (Joh. 1,15) den Menschen, die sich von ihm taufen ließen.

So kam eines Tages auch Jesus aus Galiläa zu Johannes an den Jordan, worauf dieser sofort freudig ausrief: »Dieser ist es, von dem ich gesagt habe!« (Joh. 1,30). Johannes fühlte sich aber nicht würdig genug, Jesus zu taufen, doch dieser sprach: »Laß es nur zu, denn so geziemt es sich für uns, alle Gerechtigkeit zu erfüllen« (Matth. 3,15). Johannes taufte also Jesus, und nachdem dies geschehen war, »da tat sich der Himmel auf«, und »ein Geist« schwebte auf Jesus herab wie eine Taube, und »eine Stimme aus den Wolken« sprach: »Dieser ist mein geliebter Sohn, an dem ich Wohlgefallen habe.«

Diese »himmlische Szene«, die Taufe Jesu, wird von einem niederländischen Künstler aus dem 18. Jahrhundert nicht nur wie üblich mit einer Taube am Himmel, sondern auch mit einem scheibenförmigen Objekt, das gerichtete Strahlen über Johannes und Jesus aussendet, dargestellt. Vergleiche mit modernen Ufo-Begegnungen sind nicht von der Hand zu weisen. Im englischen Cambridge, im Fitzwilliam-Museum, ist dieses Gemälde als »The Baptism of Christ« (Die Taufe Christi) zu sehen.

Nach der Taufe mußte Jesus aber noch eine schwere Prüfung bestehen. Er wurde von einem »Geiste« in die Wüste geführt, wo er vierzig Tage lang hungern mußte, und man brachte ihn »in die heilige Stadt« auf die »Zinne des Tempels«, und man setzte ihn auf einem »sehr hohen Berg« ab, wo ihm »alle Reiche der Welt und ihre Herrlichkeit« gezeigt wurden (Matth. 4,1–11). Man ist geneigt, hier irgendein Fluggerät zu vermuten, mit dem Jesus dies alles gezeigt wurde, denn bei Lukas (4,5) steht nichts von einem Berg, sondern: »Dann führte er ihn hinauf und zeigte ihm in einem Augenblick alle Reiche des Erdkreises.« So etwas könnte, nach unseren irdischen Vorstellungen, nur von einer Erdumlaufbahn aus möglich sein. In der Bibel ist es jedoch der Teufel, der Jesus alle diese Schätze schenken will, um ihn in Versuchung zu führen, doch Jesus lehnte ab. Sollte es sich hier um die Beschreibung eines technischen

Vorgangs handeln, dann sei dazu gesagt, daß auch in neuerer Zeit so manche technische Errungenschaft zunächst als Teufelswerk angesehen wurde. Jesus war jedenfalls durch diese »Prüfung« im Geiste gestärkt und reif für seine künftigen Aufgaben.

»Als Jesus auftrat, war er ungefähr dreißig Jahre alt und war, wie man glaubte, der Sohn Josephs«, heißt es bei Lukas (3,23). Folgt man der Zeitangabe des Auftretens von Johannes, dann müßte Jesus allerdings (falls er 7 v. Chr. geboren wurde) fünfunddreißig oder sechsunddreißig Jahre alt gewesen sein. Jedenfalls begann nun auch Jesus in Galiläa in den Synagogen zu lehren wie vor ihm Johannes: »Kehret um! Denn das Himmelreich ist nahe gekommen.« Er gelangte auch wieder nach Nazareth, wo er aufgewachsen war. Die Leute dort staunten über seine Worte, die voll Anmut über seine Lippen kamen, und sie fragten sich etwas ungläubig: »Ist das nicht der Sohn Josephs?« Jesus aber sprach: »Wahrlich, ich sage euch: kein Prophet ist willkommen in seiner Vaterstadt.« Er tadelte die Leute, da sie nicht auf die Propheten hörten. Da stießen sie ihn aus der Stadt hinaus und brachten ihn zum Rande des Berges, auf dem die Stadt erbaut wurde, und wollten ihn hinunterstoßen, doch Jesus »schritt mitten durch sie hindurch und ging weg« (Luk. 4,16–30).

So ging Jesus nach Kapharnaum, einer Stadt in Galiläa, und auch dort staunte man über seine Reden, die mit »Vollmacht« ausgestattet waren. Einer jedoch, offenbar von einem Dämon besessen, schrie ihn an: »Was haben wir mit dir zu schaffen, Jesus von Nazareth. Bist du gekommen uns zu vernichten!« Jesus fuhr ihn darauf an: »Schweig und fahre aus von ihm!« Und der Dämon fuhr aus von dem Besessenen. Die Leute aber staunten: »Was ist das für ein Wort? In Vollmacht und Kraft gebietet er den unreinen Geistern und sie fahren aus!« Dann kam Jesus in das Haus Simons, der später Petrus heißen sollte: »Die Schwiegermutter des Simon war von einem heftigen Fieber befallen, und sie baten ihn für sie. Er beugte sich über sie, drohte dem Fieber, und es verließ sie. Sogleich stand sie auf und bediente sie« (Luk. 4,38). Und die Kunde von diesen Wundertaten verbreitete sich im ganzen Land, woraufhin viele Kranke und Leidende zu Jesus kamen. Und alle heilte er, indem er ihnen die Hände auflegte, und alle wußten, daß er der Sohn Gottes, der Messias ist.

Dann verließ Jesus Kapharnaum, ging in die Synagogen von Judäa und kam zum See Genezareth. Da sah er zwei Boote am Ufer liegen und auch Simon, der gerade vergeblich nach Fischen gesucht hatte. Jesus befiehlt: »Fahret hinaus ins tiefe Wasser und werfet eure Netze zum Fang aus! Sie taten es und fingen eine große Menge Fische. Ihre Netze drohten zu zerreißen. Sie winkten ihren Gefährten im anderen Boot, sie möchten kommen und ihnen helfen; und sie kamen und füllten beide Boote, so daß sie fast versanken« (Luk. 5,1–7). Simon war davon so beeindruckt, daß er Jesus zu Füßen fiel, doch dieser erwiderte: »Fürchte dich nicht; von nun an wirst du Menschen fangen.« Simon Petrus ließ daraufhin, wie seine Freunde Jakobus, Johannes und Andreas, die Netze fallen, und sie folgten fortan Jesus, als die ersten vier Jünger.

Jesus konnte auch dem Wind und dem Wasser befehlen. Als er einmal mit seinen Jüngern über den See Genezareth fuhr, schlief er im Boot ein. Da stieß ein Sturmwind auf den See herab, sie wurden überflutet, kamen in Gefahr und weckten Jesus. Er aber befahl dem Wind, sich zu legen, und die See beruhigte sich wieder (Luk. 8,22). Er konnte auch, wie ja bekannt ist, auf dem Wasser gehen. Als einige seiner Jünger einmal auf den See hinausfuhren, kam ihnen plötzlich Jesus auf dem Wasser entgegen. »Als ihn aber die Jünger über den See schreiten sahen, entsetzten sie sich und meinten, es sei ein Gespenst, und vor Furcht schrien sie auf« (Matth. 14,26). Jesus aber sagte: »Mut! Ich bin es. Fürchtet euch nicht.« Und er hieß auch Petrus, auf dem Wasser zu schreiten: »Und Petrus stieg aus dem Boote und schritt auf dem Wasser hin und kam auf Jesus zu.« Die Männer fielen darauf vor Jesus nieder und sagten: »Wahrhaftig, du bist Gottes Sohn.«

Dann begegnete Jesus einem Aussätzigen. Dieser flehte ihn an: »Herr, wenn du es willst, kannst du mich rein machen!« Jesus streckte seine Hand aus, berührte ihn und rief: »Ich will, sei rein!« Und der Aussätzige wurde geheilt. Die Kunde von Jesu

Wundertaten verbreitete sich weiter. Viele kamen zu ihm, um sich heilen zu lassen. Er half in der Folge einem Gelähmten, der sogar sein Bett nehmen und fortgehen konnte. Dann einem mit einer »verdorrten« Hand, die wieder beweglich wurde, und auch zwei Blinden verhalf er zum Sehen. Einen Knecht und einen Jüngling konnte Jesus zum Leben erwecken, und er half einem Besessenen. Eine Frau, die seit zwölf Jahren an Blutungen litt, konnte Jesus ebenfalls heilen. Sie berührte die Quaste seines Mantels, und Jesus fragte: »Wer hat mich angerührt?« Seine Begleiter meinten, die Menge dränge so, doch er erwiderte: »Es hat mich jemand angerührt; denn ich merkte, daß eine Kraft von mir ausging.« Die Frau bekannte nun vor dem ganzen Volke, daß sie geheilt sei, und Jesus sagte: »Tochter, dein Glaube hat dir Heilung gebracht!« (Luk. 8,40–48)

Einmal wurde Jesus zu einem Synagogenvorsteher geschickt, dessen Tochter angeblich gerade gestorben war. »Fürchte dich nicht, glaube nur, und sie wird gerettet werden«, sprach Jesus und schickte alle Leute fort, bis auf Petrus, Jakobus, Johannes und die Eltern des Mädchens. »Alle weinten und klagten um sie«, doch Jesus sprach: »Weinet nicht, sie ist nicht tot, sondern sie schläft.« Die Leute verlachten Jesus, da sie sicher waren, daß das Mädchen gestorben sei, aber Jesus rief: »Mädchen, steh auf!« Und das Mädchen stand auf, und ihre Eltern freuten sich. Jesus gebot, man solle niemandem davon erzählen (Luk. 8,49).

Als wieder einmal die Menge um Jesus versammelt war, sagten die Jünger zu ihm: »Herr, die Gegend ist einsam und die Stunde schon vorüber. Entlasse daher die Scharen, damit sie in die Dörfer gehen und sich etwas zu essen kaufen können« (Matth. 14,15). Jesus entgegnete: »Sie brauchen nicht fortzugehen. Gebt ihr ihnen zu essen.« Die Jünger aber sagten: »Herr, wir haben nichts hier als fünf Brote und zwei Fische.« Er ließ sich die Brote und die Fische bringen, blickte zum Himmel, sprach einige Worte, brach die Brote und gab sie seinen Jüngern zur Verteilung. Es wurden zwölf Körbe voll, und es aßen gezählte »fünftausend Männer, ohne die Frauen und Kinder«.

Die »medizinischen Eingriffe« Jesu, wie die Auferweckung von Scheintoten und Blutstillungen, sind durchaus wissenschaftlich erklärbar. Viele Leiden sind psychisch bedingt und können schon durch einfache Stimmungs- und Verhaltensänderungen, wie euphorische Ausbrüche, übergroße Freude oder persönliche Hingabe, geheilt werden.

So zog Jesus »heilend« durchs Land und bestellte weitere acht Jünger zu seinen Gefolgsleuten: es waren Philippus, Bartholomäus, Matthäus und Thomas, Jakob, der Sohn des Alphäus, sowie Simon mit dem Beinamen Zelot; Judas, der Sohn des Jakobus, und Judas Ischarioth, der Jesus später verraten sollte. Somit zählten zwölf Jünger zu Jesu engsten Vertrauten:

Simon Petrus	Matthäus
Jakobus	Thomas
Johannes	Jakob (Sohn des Alphäus)
Andreas	Simon Zelot
Philippus	Judas (Sohn des Jakobus)
Bartholomäus	Judas Ischarioth

Mit diesen zwölf »Aposteln« zog Jesus umher und weihte sie in seine Geheimnisse ein, damit sie diese verstehen und später praktisch anwenden konnten. Er gab ihnen »Kraft und Vollmacht über alle Dämonen und zur Heilung von Krankheiten« (Luk. 9,.1).

Eines der Geheimnisse Jesu waren seine Gleichnisse. »Ich will meinen Mund in Gleichnissen auftun, will verkünden, was seit Grundlegung der Welt verborgen war«, sagte er (Matth. 13,34). Er bezog sich bei seinen verheißungsvollen Aussagen stets auf Zusammenhänge aus dem praktischen Leben, z. B.: »Niemand zündet ein Licht an und bedeckt es mit einem Gefäße oder stellt es unter ein Bett; sondern er stellt es auf den Leuchter, damit die Eintretenden das Licht sehen. Denn nichts ist verborgen, das nicht offenbar werden wird, und nichts geheim, das nicht bekannt werden und an das Licht des Tages kommen wird.« (Luk. 7,16) Damit meinte er offenbar, daß eine himmlische Botschaft verstanden und »gesehen« werden soll.

So gab er dem Volk auch einmal folgendes Gleichnis: »Ein Sämann ging aus, seinen Samen zu säen. Und als er säte, fiel einiges auf den Weg, und es wurde zertreten, und die Vögel des Himmels fraßen es auf. Anderes fiel auf den Felsen, und als es aufgegangen war, verdorrte es, weil es keine Feuchtigkeit hatte. Und anderes fiel mitten unter die Dornen, die Dornen wuchsen mit auf und erstickten es. Und anderes fiel auf gutes Erdreich, ging auf und brachte hundertfache Frucht.« Und: »Wer Ohren hat zu hören, der höre!« Ein guter Same kann nur auf einer guten Erde gedeihen und eine gute Frucht nur auf einem guten, gesunden Baum. Das war die Grundaussage, die jedoch von vielen nicht verstanden wurde. Selbst die Jünger fragten ihn, was das bedeuten solle, worauf Jesus antwortete: »Euch ist es gegeben, die Geheimnisse des Reiches Gottes zu verstehen, den übrigen aber in Gleichnissen, auf daß sie sehend nicht sehen und hörend nicht verstehen« (Luk. 7,4–10). Jesus hatte offenbar seine Gefolgsleute über seine künftigen Vorhaben aufgeklärt, dem Volke konnte er sie nicht konkret mitteilen, weshalb er Gleichnisse benutzte. Vielleicht wußte Jesus bereits, was ihn erwartete, und er wollte sicher manches sagen, das jedoch von den Leuten hätte falsch aufgefaßt werden können.

So meinten zwar viele, Jesus sei der kommende Messias, der künftige Erlöser, der ja bereits von David angekündigt wurde, aber einmal soll sogar Johannes gezweifelt haben. Nachdem er von Jesu Wundertaten gehört hatte, schickte er seine Jünger zu ihm, sie möchten Jesus fragen, ob er der Kommende sei. »Johannes der Täufer hat uns zu dir gesandt und läßt fragen: ›Bist du der Kommende, oder müssen wir einen anderen erwarten?‹« (Luk. 7,20), worauf Jesus nicht konkret antwortete: »Ich sage euch: Unter den vom Weibe Geborenen ist keiner größer als Johannes der Täufer, aber der kleinste im Reiche Gottes ist größer als er« (Luk. 7,28). Das können wir dahingehend deuten, daß Johannes unter den irdischen Bewohnern wohl der größte sei, Jesus (der außerirdischer, himmlischer Herkunft war) aber noch größer. Diese Deutung läßt auch die Äußerung Jesu über das »Menschengeschlecht« (Luk. 7,31), das »Kindern gleicht«, zu. Nur eine nicht irdische Person kann die Menschen so bezeichnen. Ebenso die Bemerkung »Im Hause meines Vaters sind viele Wohnungen« (Joh. 14,2), will heißen »im Weltall sind viele Planeten«, deutet darauf hin.

Wenn nun Jesus tatsächlich außerirdischer Herkunft war, wenn er über die Zeiten und Vorgänge im Himmel, im Kosmos, Bescheid wußte, wenn er noch dazu außerirdische Helfer hatte, dann ist es nicht unwahrscheinlich, daß er schon Jahrhunderte vorher auf der Erde war – zumindest dürfte er Kontakte zu Personen gehabt haben, die mehr als tausend Jahre vor seiner Zeit lebten.

Einmal ging er mit Petrus, Jakobus und dessen Bruder Johannes auf einen sehr hohen Berg. »Da wurde er vor ihren Augen verwandelt, und sein Angesicht strahlte wie die Sonne, seine Gewänder aber wurden leuchtend wie das Licht. Und siehe, es erschienen ihnen Moses und Elias im Gespräch mit ihm« (Matth. 17,1–5). Jesus sprach also mit bedeutenden Persönlichkeiten aus dem Alten Testament, die Jahrhunderte vorher gelebt hatten. Etwa 1300 v. Chr. hatte Moses eine ähnliche Begegnung auf einem Berg. Es erschien ihm »die Herrlichkeit des Herrn« unter Donner, Blitzen und Posaunenschall aus einem »dichten Gewölk«. Der ganze Berg war in Rauch gehüllt, »weil der Herr im Feuer auf ihn herabgekommen war« (1. Mose 19,9–24 u. 24,12–18). Auch Jesus überschattete bei dieser Begegnung »eine lichte Wolke«, und eine Stimme sprach daraus – wie bei Moses. Elias hatte etwa 852 v. Chr. eine ähnliche Begegnung mit dem Herrn, der »Feuer vom Himmel« schickte, und in einem »Sturmwind vom Himmel« mit »feurigen Rossen« wurde Elias in den Himmel aufgenommen (1. Kön. 2,1–11). Wie konnte also Jesus mit Elias und Moses gleichzeitig sprechen, wo sie doch zu verschiedenen Zeiten lebten?

Nicht nur bei Moses, Elias und Jesus »tat sich der Himmel auf«, ähnliches erlebte auch 592 v. Chr. der Prophet Ezechiel. Er hatte am Flusse Kebar »göttliche Gesichte« von einem »Thronwagen«, in dem eine »feurige Kohlenglut« zu sehen war und merkwürdige »Wesen«. Der Wagen hatte Flügel und Räder. »Und wenn die Wesen gingen, gingen auch die Räder neben ihnen, und wenn die Wesen von der Erde sich erhoben, so erhoben sich auch die Räder (Ez. 1,19). Auf diesem »thronähnlichen Gebilde war oben eine Erscheinung, die das Aussehen eines Menschen hatte« (Ez. 1,26).

Der ehemalige NASA-Ingenieur Josef Blumrich hat diese Bibelstelle folgendermaßen interpretiert: Seiner Meinung nach war dieser »Thronwagen« ein nuklearbetriebener, rundlicher Flugkörper mit Helikoptereinheiten, den »Flügeln«. Das Objekt hatte, nach Blumrich, einen Durchmesser von 18 Metern, ein Gewicht von 100 Tonnen und eine Antriebsleistung von 70000 PS. Nach verschiedenen Berechnungen kann es sich um einen Flugkörper gehandelt haben, der im erdnahen Raum operierte – unter Umständen hätte er auch zum Mars fliegen können. Gab es in vorchristlichen Jahrhunderten eine Station von Außerirdischen auf dem Mars? Die mit Moses, Elias, Jesus und anderen Personen Kontakt hatten? Bevor Moses starb, zeigte ihm der Herr auf dem Gipfel des Berges Nebo noch einmal das ganze Land (5. Mose 34,1). Lag dieser Berg gar nicht auf der Erde, sondern auf dem Mars (Nebo, Nebu)?

Auch an der Gründung Roms im Jahre 753 v. Chr. war der Mars (nach altjüdischer Tradition der Erzengel Gabriel) beteiligt. Die bekannte Gründungslegende endet mit dem Sieg von Romulus über Remus, der anschließend »in einem feurigen Wagen« des Gottes Mars (damit war auch der Planet gemeint) in den Himmel entführt wurde. Dem zweiten König von Rom, Numa Pompilius (715 bis 672 v. Chr.), soll später sogar der Gott Mars erschienen sein.

Nach dem heutigen Stand der Wissenschaft gibt es auch noch die Möglichkeit der Zeitverschiebung. Wie bereits bekannt, hat Albert Einstein in seiner Relativitätstheorie die Meinung vertreten, daß sich Masse, Energie und Geschwindigkeit relativ zueinander verhalten. Je nachdem, wie schnell sich ein Objekt bewegt, ändert sich dessen Masse und die Zeit entsprechend zu einem anderen Objekt. Dabei können Zeitunterschiede von einigen tausend Jahren bis unendlich entstehen. Wenn sich ein Objekt mit annähernder Lichtgeschwindigkeit von der Erde wegbewegt, dann vergeht die Zeit in diesem Objekt scheinbar langsamer als auf der Erde. Auf der Erde würden

Jahrtausende vergehen, in dem Objekt lediglich einige Jahrzehnte. Folgt man dieser Überlegung, dann wird klar, warum Jesus mit Moses und Elias sprechen konnte. Beide Vorgänger Jesu wurden in den Himmel, also in das Weltall entrückt und haben sich vielleicht in einem sehr rasch fliegenden Objekt nur einige Jahre aufgehalten, während hier auf der Erde Jahrhunderte vergangen sind. Das ist allerdings nur ein für uns leichter vorstellbares praktisches Beispiel. Kosmische Intelligenzen, göttliche Wesen oder Energiegeister könnten dieses Ergebnis auf ganz andere, für uns derzeit unvorstellbare Weise erreichen. Es zeigt uns aber, daß es anscheinend auch bestimmte Kommunikationsmöglichkeiten über zeitliche und räumliche Distanzen hinweg gegeben haben könnte.

VI. Urteil und Auferstehung
Aufwiegler oder Sternenmensch?

In den Tagen Jesu »kam dem Vierfürsten Herodes zu Ohren, was man über Jesus redete, und er sagte zu seinen Dienern: ›Der ist Johannes der Täufer. Er ist von den Toten auferstanden, und darum wirken die Wunderkräfte in ihm«‹ (Matth. 14,1). Dieser »Vierfürst« war Herodes Antipas, der Sohn von Herodes dem Großen (72 bis 4 v. Chr.), der ab 4 v. Chr. bis 39 n. Chr. in Galiläa regierte. Er war mit Herodias, der Enkelin von Herodes dem Großen verlobt. Johannes hatte dem Herodes Antipas aufgrund der Blutsverwandtschaft verboten, Herodias zu heiraten, worauf ihn dieser kurzerhand ins Gefängnis steckte. »Er hätte ihn gerne töten lassen, fürchtete aber das Volk, weil man ihn für einen Propheten hielt« (Matth. 14,5). Bei einer Geburtstagsfeier des Herodes Antipas tanzte die Tochter von Herodias (die berühmte Salome) so wunderbar, daß sie einen besonderen Wunsch äußern durfte. Von ihrer Mutter angestiftet, forderte sie das Haupt Johannes des Täufers. Dem König war das zwar unangenehm, aber da seine Tochter dieses Begehren öffentlich vorbrachte, blieb ihm nichts anderes übrig, als dem grausigen Wunsch nachzukommen, und er ließ Johannes enthaupten. Als Jesus davon erfuhr, war er sehr betrübt und sprach: »Nicht das, was in den Mund hineinkommt, macht den Menschen unrein, sondern was aus dem Munde herauskommt, das macht den Menschen unrein« (Matth. 15,11).

Jesu Taten drückten sich vor allem in der bekannten Bergpredigt aus. Darin äußert er sich über die »Armen im Geiste«, die Trauernden, die Sanftmütigen, die nach Gerechtigkeit Dürstenden, die Barmherzigen und die Friedensstifter. All diese werden selig sein vor Gott, dem Schöpfer, denn »ihrer ist das Himmelreich«. Wir brauchen auch heute mehr denn je Menschen mit solchen Eigenschaften, denn diese sind »das Salz der Erde«, das »Licht der Welt« (Matth. 5,13–14). Wenn dieses

Licht erlischt, dann ist das Ende nahe, und auch Jesus sah das Ende kommen. »Der Feind, der es gesät hat, ist der Teufel. Die Ernte ist das Ende der Welt, die Schnitter sind die Engel« (Matth. 13,39).

Er selbst bezeichnete sich indirekt stets als »Menschensohn«. So kann sich aber nur jemand bezeichnen, der ansonsten nichts mit Menschen zu tun hat – wie etwa eine außerirdische Intelligenz. Wenn Jesus tatsächlich außerirdischer Herkunft war, dann mußte er sich zwangsläufig den irdischen Gesetzen unterwerfen. Er mußte sich den örtlichen Gegebenheiten und den jeweiligen Sprachen anpassen. Er hat sich unters Volk gemischt und ist sozusagen »untergetaucht«, um seine Botschaften verkünden zu können. Erst wenn er die Menschen möglichst gründlich studiert hatte, konnte er halbwegs verständliche Richtlinien geben. So hat er sich natürlich besonders auf praktische Umgangsformen im täglichen Leben bezogen. Er gab Orientierungshilfen für Eheleute (»Was Gott verbunden hat, das soll der Mensch nicht trennen«, Matth. 19,6) und für Alleinstehende (»Wer es fassen kann, der fasse es«, Matth. 19,12), und auch die Kinder lagen ihm am Herzen (»denn diesen ist das Himmelreich«, Matth. 19,14). Auch zu Steuerfragen äußerte er sich (»Gebt dem Kaiser, was des Kaisers ist«, Matth. 22,21) sowie zu den »bösen Winzern« (Matth. 21,33) und den »heuchlerischen Schriftgelehrten« (Matth. 23,23). Jesus erkannte auch die Gefahr eines falschen Messias: »Sehet zu, daß niemand euch irreführe. Denn viele werden unter meinem Namen kommen« (Matth. 24,4).

Jesus wird sich aber manchmal auch über die Menschen geärgert haben, denn er bezeichnete sie als »Schlangen« und »Natterngezücht« (Matth. 23,33), das dem »Gericht der Hölle« nicht entgehen werde. Schon viele Propheten seien unter die Menschen gesandt worden, doch sie wurden gegeißelt, gekreuzigt und getötet. Dieses Schicksal stand auch Jesus bevor, und er hatte das anscheinend genau vorausgesehen, denn er sagte zu seinen Jüngern, »er müsse nach Jerusalem gehen und von den Ältesten und Hohepriestern und Schriftgelehrten vieles leiden und getötet werden und am dritten Tage auferweckt werden« (Matth. 16,21). »Der Menschensohn wird in die Hände der Menschen überliefert werden, und sie werden ihn töten und am dritten Tage wird er auferweckt werden« (Matth. 17,22).

In Jerusalem wurde Jesus vorerst freudig empfangen. »Gepriesen sei, der da kommt, der König, im Namen des Herrn! Friede im Himmel und Herrlichkeit in der Höhe!« (Luk. 19,38), riefen die Leute und: »Das ist der Prophet, Jesus aus Nazareth in Galiläa« (Matth. 21,11). Als er in den Tempel von Jerusalem einzog, wunderte er sich über die vielen Händler und Verkäufer und sprach: »Es steht geschrieben. Mein Haus soll ein Haus des Gebetes sein, ihr aber habt es zu einer Räuberhöhle gemacht« (Luk. 20,46). Und auch über Jerusalem selbst war er nicht erfreut: »Wenn doch auch du an diesen Tagen erkannt hättest, was zu deinem Frieden ist!« (Luk. 19,42). Statt dessen versuchten die Priester, Jesus zu vernichten. Sie glaubten noch immer, er sei die Wiedergeburt Johannes des Täufers, und sie fragten ihn: »Sag uns, in welcher Vollmacht du dies tust oder wer es ist, der dir diese Vollmacht gegeben hat?« Da entgegnete Jesus ihnen: »War die Taufe des Johannes vom Himmel oder von den Menschen?« Da überlegten die Priester: »Sagen wir: Vom Himmel, so wird er sagen: Warum habt ihr ihm dann nicht geglaubt? Sagen wir aber: Von Menschen, so wird uns das ganze Volk steinigen, denn es ist bezeugt, daß Johannes ein Prophet ist.« Und so sagten sie: »Wir wisssen nicht woher.« Jesus erwiderte: »Dann sage auch ich euch nicht, in welcher Vollmacht ich dies tue« (Luk. 20,2–8).

Damals herrschten in Jerusalem weitgehend unruhige, ja nahezu grausame Verhältnisse. Die Kindermorde Herodes' des Großen, der sich selbst als eine Art Messias sah, waren noch in Erinnerung. Pharisäer kämpften gegen Sadduzäer, und mittendrin die Essener, die sich in die Berge zurückzogen. Grausame Hinrichtungsmethoden waren an der Tagesordnung, und Bruder lehnte sich gegen Bruder auf. Es wurde gebrandschatzt, gemordet und geplündert. In diese Verhältnisse kam nun einer, der sich indirekt zum Messias »aufspielte« und das Volk »aufwiegelte«. Ein Mann namens Jesus von Nazareth, der auch für die Priesterkaste eine Gefahr darstellte. All dies hatte Jesus erkannt, und es war ihm klar, daß hier nicht nur ein einfacher Märtyrer (von ihnen gab es viele durch die Kreuzigungen) etwas ändern konnte. Hier mußte ein Exempel statuiert werden, das nicht so schnell in Vergessenheit geraten sollte. Vielleicht hatte Jesus für dieses Vorhaben besondere himmlische Kräfte zur Verfügung, die ihm die Entscheidung erleichterten. Seine Geburt wurde messianisch vorbereitet; es wurden Wundertaten vollbracht und Verkündigungen, Voraussagen gemacht, die auf überirdische Weise in Erfüllung gehen sollten.

So setzte sich Jesus zum letztenmal mit den zwölf Jüngern zusammen, bevor er seinen Leidensweg antrat. In einem »Obergemach« eines Hauses, das »mit Polstern belegt« war, bereitete er das bekannte »Ostermahl« vor. Als alle versammelt waren, sagte er zu den Gefährten: »Sehnlich hat es mich verlangt, dieses Paschamahl mit euch zu essen, bevor ich leide. Denn ich sage euch, von nun an werde ich es nicht mehr essen, bis es seine Vollendung finden wird im Reiche Gottes« (Luk. 22,12–16). Die Jünger aber waren betrübt und fragten sich, warum dies alles geschehen müsse, worauf Jesus ihnen antwortete: »Ihr denkt nicht die Gedanken Gottes, sondern die der Menschen« (Matth. 16,23). Doch er spendete den Jüngern auch Trost und verkündete ihnen seine Wiederkehr: »Eure Lenden seien umgürtet und eure Lampen brennend. Ihr sollt Menschen gleichen, die ihren Herrn erwarten, wenn er von der Hochzeit zurückkehrt, damit sie ihm sogleich auftun, wenn er kommt und anklopft. Selig jene Knechte, die der Herr bei seiner Ankunft wachend findet« (Luk. 12,35).

Und die Jünger Jesu erinnerten sich an seine Worte: »Ich sage euch. Es werden Tage kommen, da ihr verlangen werdet, einen Tag des Menschensohnes zu sehen, und ihr werdet ihn nicht sehen. Und man wird zu euch sagen: Sieh dort! Sieh hier! Gehet nicht hin und lauft nicht nach. Denn wie der Blitz aufblitzt und von einem Ende des Himmels bis zum anderen leuchtet, so wird der Menschensohn an seinem Tage sein. Zuvor aber muß er vieles leiden und verworfen werden von diesem Geschlechte« (Luk. 17,22–25).

Und sie erinnerten sich, als sie mit ihm auf dem Ölberg saßen und ihn nach einem Zeichen seiner Wiederkehr fragten und er ihnen antwortete: »Ihr werdet von Kriegen und Kriegsgerüchten hören. Erschreckt aber nicht, denn es muß so kommen. Das ist aber noch nicht das Ende. Es wird sich Volk gegen Volk erheben und Reich gegen Reich, und Hungersnöte und Erdbeben werden kommen, aber das ist erst der Anfang ... In jenen Tagen wird sich die Sonne verfinstern und der Mond wird seinen Schein nicht mehr hergeben, und die Sterne werden vom Himmel fallen, und die Kräfte des Himmels werden erschüttert werden« (Matth. 24,6 u. 24,29). Dies alles werde geschehen, sprach Jesus, *Wenn ein Zeichen des Menschensohnes am Himmel erscheint*. »Wachet also, denn ihr wißt nicht, an welchem Tage euer Herr kommt. Darum seid auch ihr bereit, denn der Menschensohn kommt zu einer Stunde, wo ihr es nicht vermutet« (Matth. 24,42–44). Vorerst aber, liebe Brüder, ich sage euch, wird einer von euch mich den Soldaten ausliefern, »dann wird der Menschensohn zur Kreuzigung überliefert werden« (Matth. 26,2).

Danach gingen alle hinaus zum Ölberg, und Jesus sprach erneut zu seinen Jüngern: »In dieser Nacht werdet ihr alle an mir Anstoß nehmen, denn es steht geschrieben: ›Ich werde den Hirten schlagen, und die Schafe der Herde werden sich zerstreuen.‹ Wenn ich aber auferweckt worden bin, werde ich euch nach Galiläa vorangehen.« Da sagte Petrus: »Ich werde an dir keinen Anstoß nehmen.« Und Jesus antwortete: »Wahrlich, ich sage dir, in dieser Nacht ehe der Hahn kräht, wirst du mich dreimal verleugnen« (Matth. 26,30–35). Dann kniete Jesus nieder und sprach: »Mein Vater, wenn es möglich ist, so gehe dieser Kelch an mir vorüber. Doch nicht wie ich will, sondern wie du willst« (Matth. 26,39).

Und während Jesus noch mit den Jüngern sprach, kam eine Schar Soldaten, ausgerüstet mit Knüppeln und Schwertern, und in deren Mitte Judas, der ihnen ein Zeichen gab, wer von den Jüngern Jesus sei. »Der, den ich küssen werde, der ist es.« Und die Soldaten nahmen Jesus fest, worauf einer der Jünger das Schwert ergriff und einem von den Soldaten ein Ohr abschlug. Jesus aber sagte: »Tu dein Schwert an seinen Platz, denn alle, die das Schwert ergreifen, werden durch das Schwert umkommen. Oder meinst du, ich könnte nicht meinen Vater bitten, und er würde mir sogleich zwölf Legionen Engel zur Seite stellen?« Jesus ließ also die Soldaten gewähren, »damit die Schrift erfüllt wird«, und sie brachten ihn fort und stellten ihn Kaiphas dem Hohepriester und dem Hohen Rat zum Verhör gegenüber.

Sie versuchten, Jesus falscher Aussagen zu bezichtigen, fanden aber keine Beweise dafür, da fragte der Hohepriester: »Bist du der Messias?« Worauf Jesus antwortete: »Du hast es gesagt. Indes ich sage euch: Von nun an werdet ihr den Menschensohn sehen, sitzend zur Rechten der Kraft und kommend auf den Wolken des Himmels.« Da zerriß der Hohepriester seine Gewänder und sprach: »Er hat gelästert, was brauchen wir noch Zeugen. Was ist eure Meinung?« Die Priester und Gelehrten riefen: »Er ist des Todes schuldig!« (Matth. 26,57–66) Zu dieser Zeit befand sich Petrus draußen im Hof, und eine Magd fragte ihn, ob er denn nicht auch einer der Jünger dieses Messias sei. Petrus aber sagte: »Ich weiß nicht, was du meinst.« Und auch nach zwei weiteren Fragen sagte Petrus verzweifelt: »Ich kenne den Menschen nicht!« Und er fing bitterlich an zu weinen. Auch Judas hörte mittlerweile von dem Urteil, und es überfiel ihn derartige Reue, daß er »hinging und sich erhängte«.

Jesus aber wurde dem Statthalter Pontius Pilatus vorgeführt. Auch dieser fragte ihn: »Bist du der König der Juden?«, worauf Jesus ebenfalls mit den Worten »Du sagst es« antwortete. Da jedoch gerade das Osterfest gefeiert wurde und Pilatus, der damaligen Gepflogenheit entsprechend, einen Gefangenen freigeben konnte, er außerdem keinen besonderen Inhaftierungsgrund für Jesus fand (»Was hat er denn Böses getan?«, Matth. 27,23), ließ er die Volksmenge entscheiden. Es war gerade ein Gefangener namens Barabbas verurteilt worden, und zwischen diesem und Jesus sollte gewählt werden. »Die Hohepriester und die Ältesten aber hetzten die Massen auf, den Barabbas zu fordern, Jesus aber dem Tode preiszugeben« (Matth. 27,20), und so geschah es auch.

Nachdem das Urteil über Jesus gesprochen war, setzte man ihm eine Dornenkrone auf, was von den Evangelisten Matthäus, Markus und Johannes bezeugt wird. Markus und Matthäus wissen sogar von Schlägen auf das Haupt, also auf die Dornenkrone. Allein Johannes berichtet von einer Geißelung. Die Nagelung Jesu an das Kreuz wird wieder nur durch den Hinweis nach der Auferstehung (»wir haben den Herrn gesehen« und »an seinen Händen das Mal der Nägel«) von Johannes erwähnt – ebenso der Lanzenstich. Daraus ergibt sich folgende Übersicht der in den jeweiligen Evangelien verzeichneten Ereignisse:

Jesus

Geburt:	–	Matthäus »Stern«	Lukas »Engel«	–
Taufe:	Markus	Matthäus	Lukas	–
Wunder: (Heilungen)	Markus	Matthäus	Lukas	Johannes
Kreuzigung:	Markus	Matthäus	Lukas	Johannes
Dornenkrone:	Markus	Matthäus	–	Johannes
Geißelung:	–	–	–	Johannes
Nagelung:	–	–	–	Johanes »Mal der Nägel«
Lanzenstich:	–	–	–	Johannes
Inschrift:	Markus	Matthäus	Lukas	Johannes
Verklärung:	Markus	Matthäus	Lukas	–
Auferweckung:	Markus	Matthäus	Lukas	Johannes »weggenommen«
Himmelfahrt:	Markus	Matthäus »alle Gewalt im Himmel«	Lukas	Johannes

Die Einzelheiten der Kreuzigung wie auch die Geburt werden nicht von allen Evangelisten bezeugt, dennoch kann man davon ausgehen, daß sie stattgefunden haben. Daß es damals derartige Kreuzigungen gab, gilt inzwischen als erwiesen. Es stellt sich nur die Frage, ob es damals einen Jesus gab, der auf diese Weise zu Tode kam. Flavius Josephus berichtete im 1. Jahrhundert nach Christus von einem »Jesus, der Messias genannt wurde«, und auch der römische Historiker Tacitus (50 bis 116 n. Chr.) berichtet von einem »Christus«, der »zur Zeit des Kaisers Tiberius durch den Prokurator Pontius Pilatus zum Tode verurteilt« wurde. Ein römischer Zeitgenosse namens Sueton (75 bis 150 n. Chr.) erwähnt in einer Aufzeichnung, daß zur Zeit des Kaisers Claudius (41 bis 54 n. Chr.) »die Juden wegen Chrestus (Christus, Anm. d. Verf.) viel Lärm machten und aus Rom vertrieben wurden«.

Es wird auch angezweifelt, daß die Evangelisten Augenzeugen waren, was stimmen mag. Doch ist es durchaus möglich, daß sie ihre Informationen aufgrund mündlicher Hinweise, unter Umständen auch nur aus kurzen Notizen von Zeitgenossen hatten. Legt man die astronomischen Berechnungen zugrunde, dann wurde Jesus im Jahre 29 von Johannes getauft und nach Markus, Matthäus und Lukas eineinhalb Jahre später, also im Jahre 31, gekreuzigt. Das Evangelium des Markus soll noch vor dem Jahre 70 verfaßt worden sein, das des Matthäus nach dem Jahre 70, das des Lukas ebenfalls nach dem Jahre 70 und das des Johannes nach dem Jahre 90. Das älteste Textfragment aus dem Neuen Testament ist wahrscheinlich der Galaterbrief aus dem Jahre 54 des Apostels Paulus, der im Jahre 10 geboren wurde und im Jahre 60 starb. Demnach wäre Paulus im Jahr der Kreuzigung Jesu schon 21 Jahre alt und Augenzeuge gewesen, sein Galaterbrief wäre 23 Jahre später verfaßt worden. Es ist also nicht unwahrscheinlich, daß die in der Bibel geschilderten Ereignisse zur Zeit Jesu real waren und tatsächlich stattgefunden haben.

Jesus mußte sein Kreuz bis zur Hinrichtungsstätte Golgotha (lateinisch »Golgatha«) selbst tragen und wurde dort schließlich ans Kreuz genagelt. Die Soldaten lästerten und riefen: »So rette dich doch selbst, wenn du der Sohn Gottes bist«, und sie gaben ihm einen Schwamm mit Essig zu trinken. Da die Leichname aber nicht über den Sabbath am Kreuze hängen durften, gab Pilatus – auf Drängen der Juden – den Befehl, ihnen die Beine zu zerschlagen, doch als sie zu Jesus kamen, »fanden sie, daß er schon gestorben war«, und zerschlugen seine Beine nicht. Einer der Soldaten aber »stieß ihm seine Lanze in die Seite, und sofort kamen Blut und Wasser heraus« (Joh. 19,31–37). »Von der sechsten Stunde an aber kam eine Finsternis über das ganze Land bis zur neunten Stunde. Und um die neunte Stunde rief Jesus mit lauter Stimme: ›Eli, Eli, lema sabachtani?‹, was heißen soll: ›Mein Gott, mein Gott, warum hast du mich verlassen?‹« Und Jesus schrie noch einmal mit lauter Stimme »und gab den Geist auf« (Matth. 27,45–50). »Und siehe, der Vorhang des Tempels zerriß von oben bis unten in zwei Teile, die Erde erbebte, und die Felsen spalteten sich.« Als die Soldaten dies hörten und sahen, riefen sie: »Dieser war in Wahrheit Gottes Sohn!«

Gegen Abend aber kam ein reicher Mann (ein angesehener Ratsherr) aus Arimathäa namens Joseph zu Pilatus und bat ihn, den Leichnam Jesu abnehmen und begraben zu dürfen. Pilatus aber »wunderte sich, daß er schon gestorben sein sollte, ließ den Hauptmann kommen und fragte ihn, ob er schon tot sei. Und als er es vom Hauptmann erfahren hatte, schenkte er den Leichnam dem Joseph« (Mark. 15,44–47). »Da kaufte Joseph Leinwand, nahm Jesu Leichnam herab und hüllte ihn in die Leinwand, legte ihn in ein in den Felsen gehauenes Grab und wälzte einen Stein vor den Eingang des Grabes.« Auch Maria, die Mutter Jesu, Maria Magdalena und die Mutter Josephs waren dabei.

Einige Hohepriester und Pharisäer gingen aber zu Pilatus und baten ihn, das Grab bewachen zu lassen, da Jesus gesagt hatte, er werde nach drei Tagen auferweckt. Es sollte ja nicht sein, daß ihn etwa seine Jünger befreien und dann sagen, er sei auferweckt worden. »Dann wäre der letzte Betrug schlimmer als der erste.« Pilatus sagte darauf: »Ihr sollt eine Wache haben. Geht und sorgt für Sicherung, so gut ihr könnt.« Und sie gingen hin, »versiegelten den Stein und sicherten das Grab mit der Wache« (Matth. 27,62–66).

Am nächsten Tag aber, am ersten Wochentag, »beim Aufleuchten des Morgens«, kamen Maria Magdalena und die Mutter Jesu, »die andere Maria«, das Grab zu sehen. »Und siehe, es entstand ein großes Erdbeben. Denn ein Engel des Herrn stieg vom Himmel herab, trat herzu, wälzte den Stein weg und setzte sich darauf. Sein Aussehen war wie der Blitz und sein Gewand weiß wie Schnee. Aus Furcht vor ihm erbebten die Wächter und wurden wie tot. Der Engel jedoch begann und sprach zu den Frauen: ›Fürchtet euch nicht! Ich weiß, ihr sucht Jesus, den Gekreuzigten. Er ist nicht hier; denn er ist auferweckt worden, wie er gesagt hat. Kommt und seht den Ort, wo er gelegen hat. Und geht eilend hin und sagt seinen Jüngern: Er ist von den Toten auferweckt worden. Und siehe, er geht euch voran nach Galiläa. Dort werdet ihr ihn sehen‹« (Matth. 28,1–7).

Als die beiden Frauen weggingen, kam ihnen plötzlich Jesus entgegen, und voller Furcht fielen sie auf die Knie, doch Jesus sprach: »Seid gegrüßt! Fürchtet euch nicht! Geht hin und verkündet meinen Brüdern, sie sollen nach Galiläa gehen, dort werden sie mich sehen« (Matth. 28,9–10).

Inzwischen waren auch die Wächter voller Furcht in die Stadt gelaufen und berichteten den Hohepriestern über die Auferweckung Jesu. Die Priester aber gaben ihnen Geld und hielten sie an, das Gerücht zu verbreiten, die Jünger Jesu hätten den Leichnam ihres Herrn gestohlen. »Und dieses Gerede verbreitete sich unter den Juden bis auf den heutigen Tag« (Matth. 28,11–15).

Die Jünger aber gingen, wie geheißen, nach Galiläa, und da begegnete er auch ihnen, und sie warfen sich vor ihm nieder. »Da trat Jesus zu ihnen, redete sie an und sprach: ›Mir ist alle Gewalt gegeben im Himmel und auf Erden. Gehet hin und machet alle Völker zu Jüngern und taufet sie auf den Namen des Vaters und des Sohnes und des Heiligen Geistes und lehret sie alles halten, was ich euch aufgetragen habe. Und siehe, ich bin bei euch alle Tage bis ans Ende der Welt‹« (Matth. 28,16–20).

»Und als er dies gesprochen hatte, ward er vor ihren Augen emporgehoben und eine Wolke entzog ihn ihren Blicken. Und während sie unverwandt zum Himmel hinaufschauten, in den er auffuhr, siehe da standen zwei Männer in weißen Gewän-

ilder 1 und 2: Unsere Galaxis mit ihren 200 Milliarden Sternen und einem Durchmesser von 00 000 Lichtjahren erstrahlt am Himmel wie ein gewaltiger Baum. Er ist das wahre Vorbild für en Lichterbaum, der zur Weihnachtszeit im christlichen Kulturkreis die Wohnstuben schmückt.

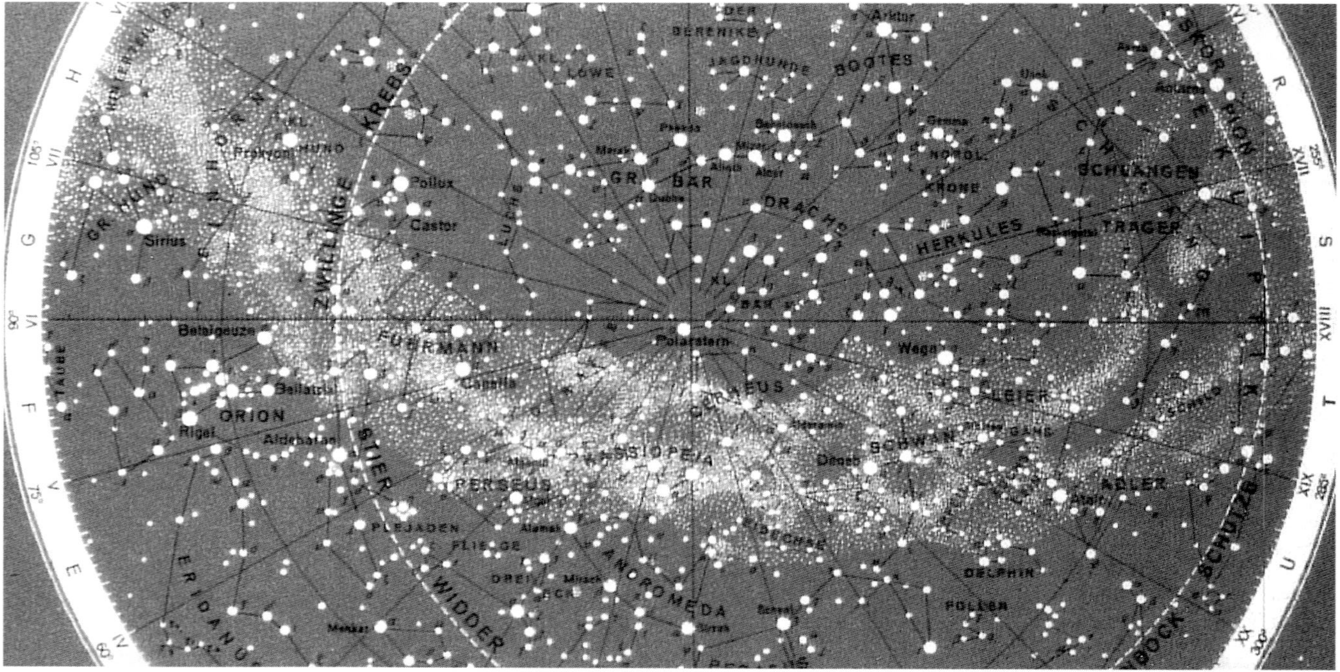

BERENIKE
JAGDHUNDE
BOOTES
Arktur
LÖWE
KREBS
GR. BÄR
DRACHE
HERKULES
KRONE
SCHLANGEN
TRÄGER
Wega
LEIER
SCHWAN
Deneb
ADLER
DELPHIN
FÜLLEN
SCHÜTZE
Polarstern
CEPHEUS
CASSIOPEIA
PERSEUS
ANDROMEDA
WIDDER
PLEJADEN
FLIEGE
STIER
Aldebaran
ORION
Rigel
Bellatrix
Beteigeuze
FUHRMANN
Capella
ZWILLINGE
Pollux
Castor
Sirius
ERIDANUS
TAUBE

ild 3: Ein Engel verkündet der Maria die Geburt Jesu. Engel sind stets Vermittler zwischen den Ienschen und den außerirdischen Mächten (Gemälde von Leonardo da Vinci um 1473 bis 1475).

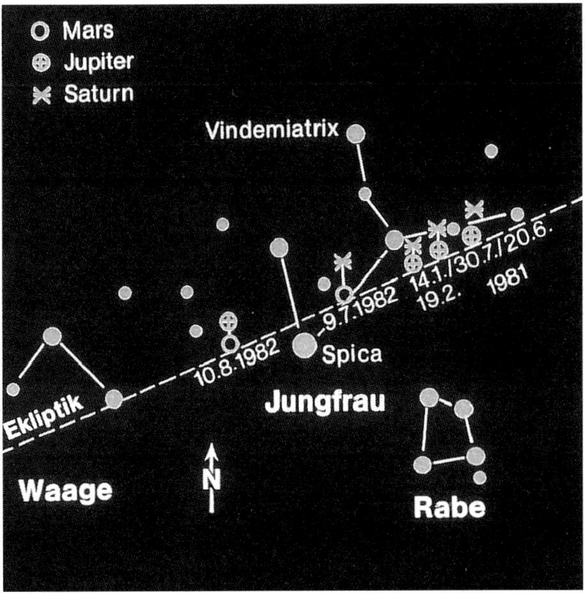

Bild 4: Die Planetenkonstellation zwischen Jupiter und Saturn, die sich vermutlich auch im Jahre 7 v. Chr. ereignet hat und die von den Astronomen als der wahre »Stern von Bethlehem« angesehen wird. Daran beteiligt war ein Jahr später auch der Planet Mars.

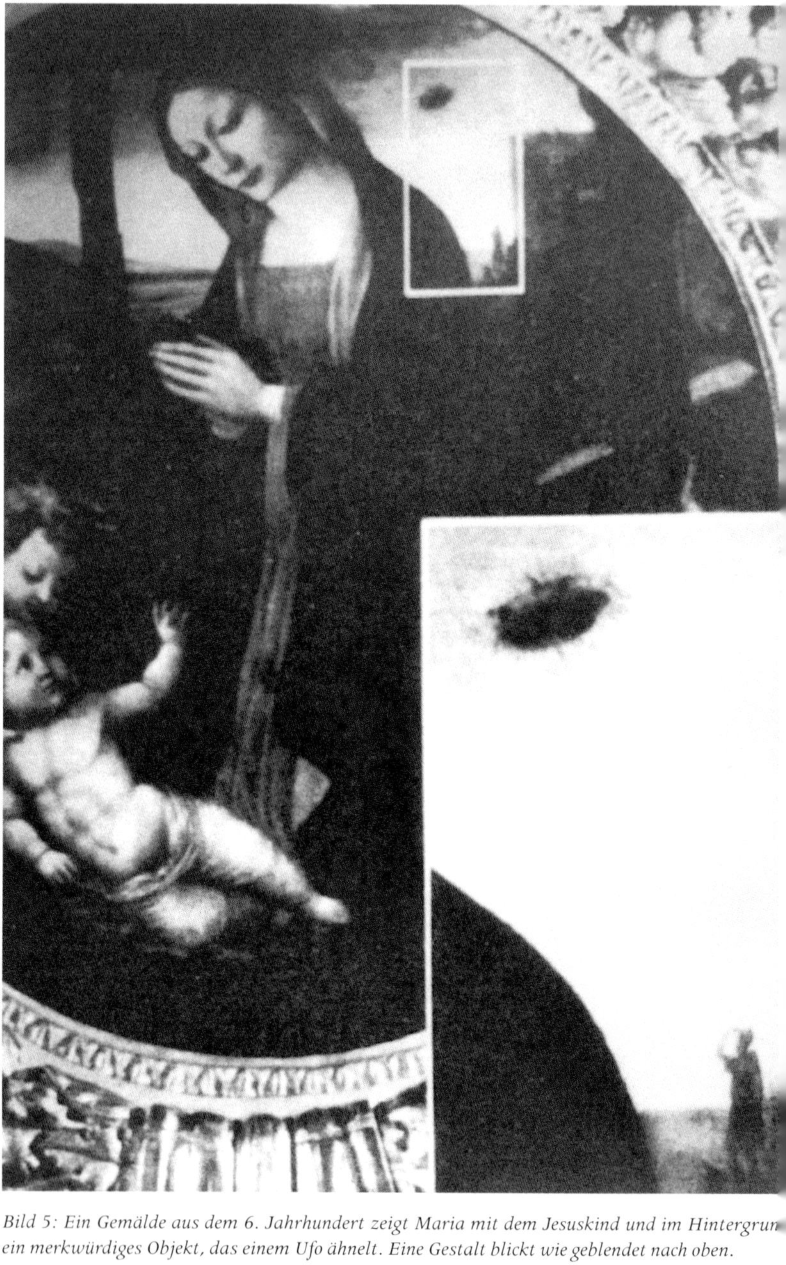

Bild 5: Ein Gemälde aus dem 6. Jahrhundert zeigt Maria mit dem Jesuskind und im Hintergrun ein merkwürdiges Objekt, das einem Ufo ähnelt. Eine Gestalt blickt wie geblendet nach oben.

Bilder 6 und 7: Auf einem Gemälde aus dem 18. Jahrhundert wird die Taufe Jesu von einem ovalen Objekt, das im Zentrum eine Taube zeigt, grell beleuchtet. Ähnliche Szenen schildern auch die Zeugen von Ufo-Entführungen.

Bild 8: Die Weisen aus dem Morgenland werden au
dieser Abbildung von einem sechszackigen Stern zun
Geburtsort Jesu geführt. Dabei könnte es sich um der
Planeten Mars handeln, der bei den Babyloniern unc
im semitischen Raum vielfach so dargestellt wurde.

Bild 9: Der Marsstern wurde schließlich als David
stern zum Symbol der jüdischen Religion. Hier au
einem Gedenkstein mit dem Zeichen für das Paradies
Lag das Paradies auf dem Mars?

Bild 10: Die Marsoberfläche zeigt eine von Geröl
übersäte Wüstenlandschaft. Dort landeten 1976 zwe
Raumsonden, die Bodenproben analysierten. Häufi
finden in solcher Umgebung auf der Erde religiöse Er
scheinungen statt (Sonnenwunder, Marienerscheinun
gen etc.).

ilder 11 und 12: Beim Landeplatz der Raumsonden spiegelten sich seltsame Zeichen an den Felsen: in »B« und eine verkehrte »3«, ähnlich dem griechischen Omega. Ein ähnliches Zeichen befindet sich uch auf der Stirn des Christusgesichts auf dem Turiner Leinentuch.

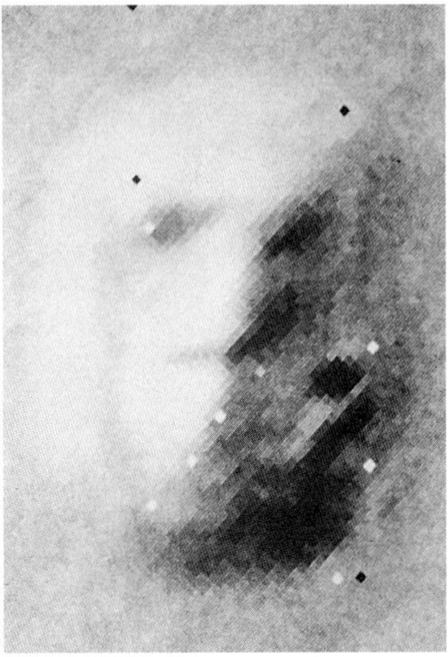

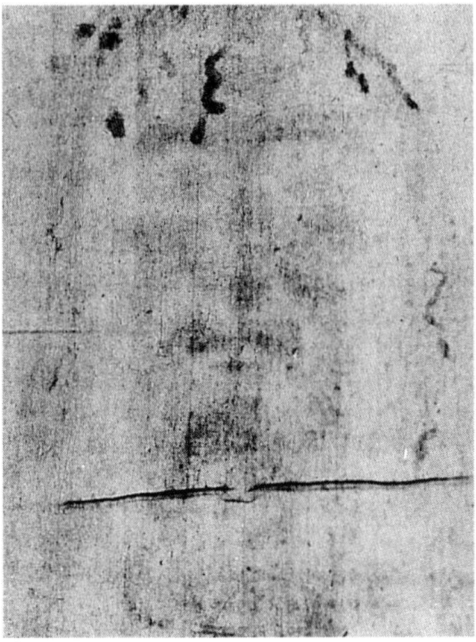

Bilder 13 und 14: Das menschliche Gesicht auf der Marsoberfläche in der Cydonia-Region ähnelt verblüffend dem Christusgesicht auf dem Turiner Leinentuch, dessen Alter und Herkunft nach wie vor nicht geklärt ist. Dies könnte der Beweis sein, daß Jesus außerirdischer Herkunft war.

Bilder 15 und 16: Ein Computerausdruck nach einer Fotoanalyse des Marsgesichts zeigt die erstaunliche Übereinstimmung mit dem Christusgesicht auf dem Grabtuch. Sogar die Anordnung der Blutspuren scheint auf beiden Bildern gleich zu sein.

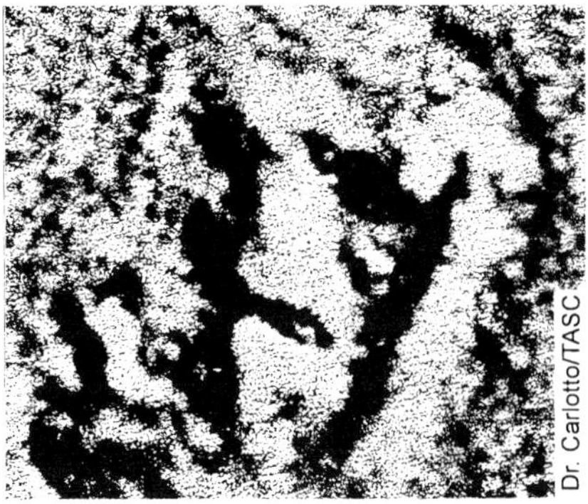

ilder 17 und 18: Unabhängige computerunterstützte Untersuchungen zum Erstellen von 3-D-Bil-ern vom Marsgesicht und vom Christusgesicht auf dem Tuch zeigen verblüffende Ähnlichkeiten in ast allen Details.

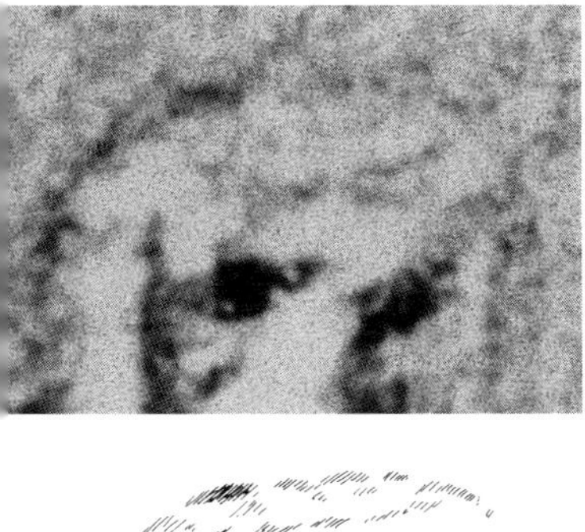

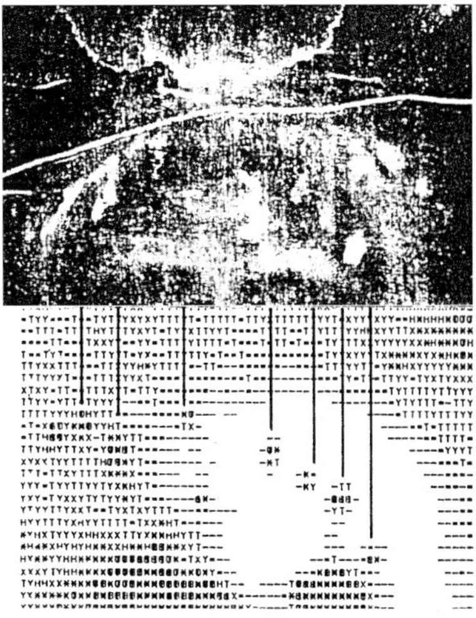

ilder 19 und 20: An der Stirn des Marsgesichts befinden sich lineare Furchen, die den Eindruck iner Dornenkrone erwecken.

Bild 21: Dieser silberne Hostienteller aus dem 6. Jahrhundert zeigt einen doppelten Christus, entsprechend der Positiv- und Negativdarstellung des Bildes auf dem Grabtuch und dem Marsgesicht.

Bilder 22 und 23: Eine Silbervase aus dem 6. Jahrhundert zeigt deutlich das Jesusgesicht wie au dem Turiner Leinentuch in positiver Darstellung. Erst spätere Künstler haben, wie eine Ikone aus de Kathedrale von Cefalù aus dem 12. Jahrhundert zeigt, das Christusgesicht im fotografischen Negativ dargestellt.

*Bild 24: Die Auferstehung Jesu nach Schnorr von Carolsfeld aus dem 19. Jahrhundert. Das Chri-
tusgesicht entspricht dem Gesicht auf dem Turiner Leinentuch und dem Gesicht auf dem Mars.*

Bild 25: Seltsame Lichtkreuze wurden während der Marsopposition im Jahre 1988 in Kalifornien gesichtet und mit Christuserscheinungen in Verbindung gebracht.

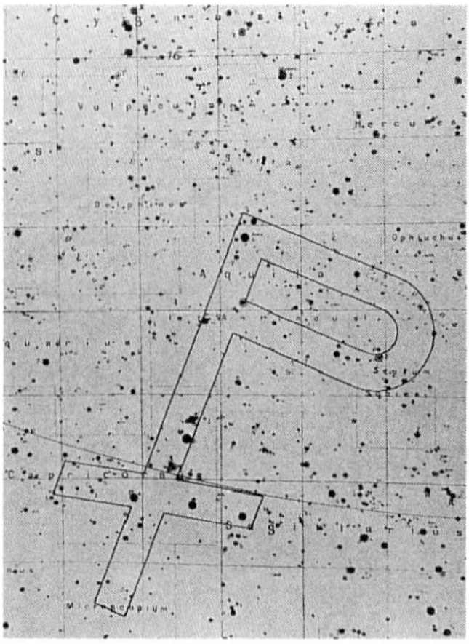

Bild 26: Am 21. Oktober des Jahres 312 sah Kaiser Konstantin in einer besonderen Stellung der Planeten Saturn, Jupiter und Mars in Verbindung mit einigen Sternen im Steinbock und im Adler das Christusmonogramm. Dies deutete er als Zeichen für eine bevorstehende erfolgreiche Schlacht vor den Toren Roms.

Bild 27: Auf einer ikonenartigen Darstellung in einer Moskauer Kirche, im Park Ivans des Schrecklichen, steigt Jesus wie eine Rakete zum Himmel empor. Die umstehenden Beobachter wenden sich von den Rauchwolken ab.

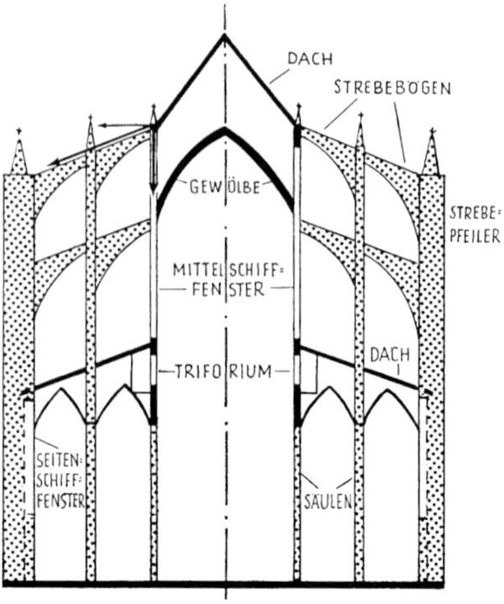

Bilder 28 und 29: Christliche Kathedralen erinnern auffallend an moderne Raketenfahrzeuge und Raumschiffe. Raumschiffe außerirdischer Intelligenzen würden ebenfalls Kathedralen gleichen.

Bild 30: Jesus steigt durch eine himmlische Pforte aus dem Weltall herab. Das zeigt diese Darstellung auf einer Ikone in der Moskauer Geistlichen Akademie. Solche Darstellungen finden sich häufig in religiösen Werken und an kirchlichen Gebäuden.

Bilder 31 und 32: Die Grußbotschaft der Erdenbürger an außerirdische Intelligenzen, angebracht an den Raumsonden Pioneer und Voyager. Eine ähnliche Botschaft könnte die Darstellung des aus dem Weltall herabsteigenden Jesus sein, wie z. B. auf dem Kirchenportal des Wiener Stephansdoms. Vor 2000 Jahren wurde diese Botschaft aber offenbar mißverstanden.

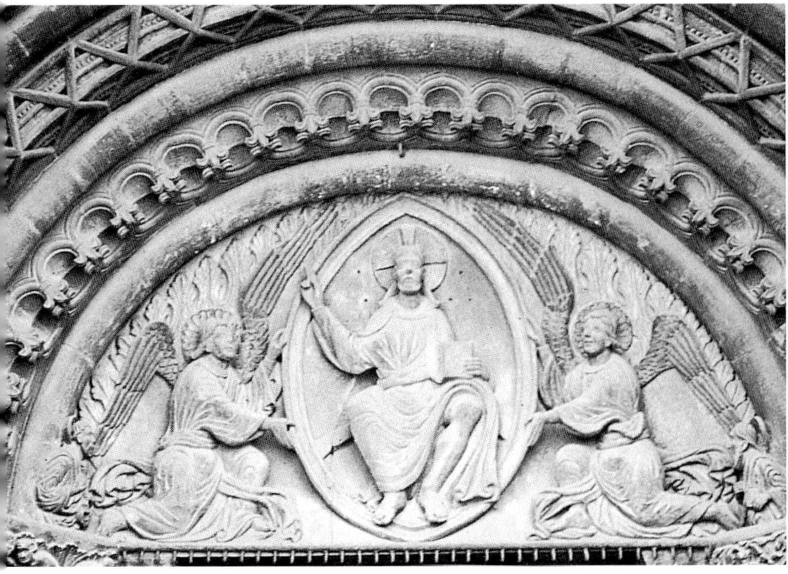

Bild 33: Eine Miniatur aus der Bibliothek Laurenziana in Florenz aus dem »Codex di Rabula« (6. Jahrhundert) zeigt den in einem himmlischen Gefährt emporschwebenden Jesus. Parallelen zum »Wagen« des biblischen Propheten Ezechiel sind unübersehbar.

dern bei ihnen, die sprachen: ›Ihr Männer von Galiläa, was steht ihr da und schaut zum Himmel hinauf? Dieser Jesus, der von euch weg hinaufgenommen worden ist, wird ebenso kommen, wie ihr ihn habt zum Himmel auffahren sehen!‹« (Apg. 1,9–11).

Das war nun das Ende des Wirkens Jesu auf Erden vor 2000 Jahren. Er vollbrachte zahlreiche Wundertaten, er mußte – um der Menschen willen – viel erleiden und wurde schließlich hingerichtet, doch schon vorher versprach er wiederzukommen. Es scheint, als habe Jesus all dies beabsichtigt, um ein unvergeßliches Beispiel zu setzen. Wir wissen heute, daß er es geschafft hat. Wir wissen aber noch immer nicht, wer oder was dieser »Menschensohn« wirklich war. War er tatsächlich ein »Sohn Gottes«, ein Sohn einer alles erschaffenden Macht? War er ein Abkömmling außerirdischer Intelligenzen? Ein Sternenmensch? Oder war er nur ein gewöhnlicher Erdling aus Fleisch und Blut, der aber – durch übermenschliche Anstrengungen – zum Märtyrer für alle Menschen wurde? Eine Antwort auf diese Fragen könnte eine Reliquie liefern, die in den letzten Jahrzehnten besondere Beachtung erfahren hat: das sogenannte Grabtuch von Turin.

VII. Nicht von Menschenhand gemacht
Ein Leinentuch verwirrt die Fachwelt

Im Jahre 1898 fotografierte Secondo Pia, Rechtsanwalt und Bürgermeister von Asti, in Italien mit seiner Plattenkamera ein 4,36 mal 1,10 Meter großes Leinenstück, das seit 1578 im Dom San Giovanni in Turin aufbewahrt wird und das inzwischen als das »Turiner Grabtuch« oder auch »Heiliges Leinen« weltweit bekannt ist.

Die Geschichte dieses Linnens soll bis in die Zeit der frühen Christenheit zurückreichen. Damals hat man es angeblich in Jerusalem aufbewahrt und im Jahre 438 hat es die Kaiserin Eudoxia nach Byzanz, nach Konstantinopel (heute Istanbul) gebracht. Nach einer anderen Quelle war dieses Leinen, »von dem ein Licht ausging, dem kein Mensch standhalten kann«, als »Mandylion« (aus dem arabischen »mandil«, eine Art großes Tuch) in Edessa (heute Urfa in der Türkei) bekannt. Von dort soll es dann nach Byzanz gelangt sein. In Konstantinopel wurde es offenbar jahrhundertelang verehrt und sogar von Zeitzeugen erwähnt. Zur Zeit Kaiser Justinians (gest. 565) soll das Tuch dort als »Acheiropoieton« (griechisch »nicht von Menschenhand gemacht«) bekannt gewesen sein. Im Jahre 1201 erwähnt der byzantinische Geschichtsschreiber Nikolaus Mesarites, daß es sich im Besitz der kaiserlichen Kapelle zur heiligen Maria in Konstantinopel befinde.

Im Jahre 1204 berichtete der französische Kreuzritter Robert von Clari über ein Grabtuch in der kaiserlichen Kapelle zu Konstantinopel, auf dem eine männliche Gestalt zu sehen sei: »Jedes der Glieder war ganz gerade ausgerichtet, so daß man die Gestalt unseres Herrn gut sehen konnte.« Im Jahre 1207 bestätigte Nikolaus Mesarites nochmals, daß sich das Grabtuch in Konstantinopel befindet. In der Zeit zwischen 1248 und 1262 soll der französische Ritter Otto de la Roche das Tuch nach Europa gebracht haben, und im Jahre 1349 übergab Gottfried von

Charny, Freiherr von Lirey in Norditalien, es angeblich dem Domherrn von Lirey zur Aufbewahrung.

Später, im Jahre 1448, übergab Margarete von Charny der Herzogin Anna von Lusignano, der Gattin des Herzogs von Savoyen in Chambéry, das Leinentuch, wo es dann in den Besitz des Hauses Savoyen überging. Im Jahre 1455 erwähnte der Bischof von Chalon-sur-Saône, Jean Germain, das Grabtuch in einem Verzeichnis der wichtigsten Reliquien. »Es existiert in Chambéry, im Lande Savoyen, das heilige Leichentuch aus dem Grabe Christi, worauf das Bild Christi abgedrückt ist«, schreibt der Bischof. Francesco della Rovere berichtete damals: »Dieses Linnen befindet sich beim Herzog von Savoyen und wird mit großer Verehrung behütet und aufbewahrt. Es ist rötlich von Blut.« Es scheint also eine lange geschichtliche Existenz dieses Leinentuchs, offenbar bis in die frühchristliche Zeit, zu geben, und das wäre der beste Beweis für dessen Authentizität.

Mehrmals war das Tuch allerdings Bränden ausgesetzt: im Jahre 1349 in Bensançon und 1532 in Chambéry. Es hat diese Brände aber relativ unbeschadet überstanden, doch sind heute noch Spuren davon zu sehen. Dem Feuer vom April 1997 konnte es in letzter Sekunde unbeschadet entrissen werden. Das Tuch wurde zur Verehrung alle 33 Jahre öffentlich ausgestellt, so auch im Jahre 1898. Damals fotografierte der Rechtsanwalt und Bürgermeister von Asti, Secondo Pia, das Leinen im Turiner Dom. Nachdem er die Fotoplatten entwickelt hatte, blickte er auf das Bild eines von zahlreichen Narben und Wunden zerschundenen Körpers. Das Erstaunliche daran war jedoch, daß all die Wunden und besonders das Aussehen dieses Mannes ein exaktes Abbild des vor fast 2000 Jahren gekreuzigten Jesus Christus waren. Bisher waren diese Merkmale auf dem Tuch nur schemenhaft zu sehen gewesen, doch nun hatte Secondo Pia ein deutliches Bild des Gekreuzigten vor sich.

Im Jahre 1931 wurde das Leinentuch wiederum öffentlich ausgestellt, und diesmal standen den Fotografen bessere Aufnahmemöglichkeiten zur Verfügung. Am 3. Mai 1931, zwischen halb elf Uhr abends und ein Uhr früh, machte der Berufsfotograf Giuseppe Enrie auf Anweisung Papst Pius XI. nochmals ausführliche Aufnahmen. Nach der Entwicklung ließ sich Enrie von sechs Berufskollegen bestätigen, daß die Fotos ohne jede Retusche oder sonstige künstliche Hilfsmittel zustande gekommen waren, und daß das angebliche Grablinnen exakt wiedergegeben wurde. Eines der »erstaunlichsten Wunder«, wie Enrie berichtete, lag jedoch darin, daß auf dem fotografischen Negativ ein Positiv zu sehen war. Die genauen Umrisse des Körpers, so daß man sogar die Gesichtszüge des Mannes erkennen konnte, wurden erst auf diesen Aufnahmen sichtbar!

Danach wurde festgestellt: Das Leinentuch zeigt den Abdruck eines etwa 180 Zentimeter großen und ungefähr 85 Kilogramm schweren nackten Mannes. Die Hände sind über den Hüften gekreuzt. An den Handgelenken, an den Füßen und auf der Brust befinden sich Spuren von Wundmalen. Das Gesicht ist das eines bärtigen Mannes mit langen Haaren. Die Augen sind geschlossen, und auf dem Kopf befinden sich Spuren von Wunden, die durch eine Dornenkrone oder Dornenhaube entstanden sein könnten. Das Tuch zeigt sowohl die Vorder- als auch die Rückseite des Mannes. Am Rücken sind ebenfalls Spuren von Wunden zu sehen, die durch eine Geißelung – wie Jesus sie erleiden mußte – hervorgerufen worden sein könnten. Nun stellt sich natürlich – nach nunmehr fast hundert Jahren seit der ersten fotografischen Aufnahme – die Frage, ob die Gestalt auf diesem Leinentuch tatsächlich der in Jerusalem vor 2000 Jahren auf so qualvolle Weise zu Tode gekommene Jesus ist und ob es sich tatsächlich um das Grabtuch handelt, in das Joseph von Arimathäa den Leichnam hineinlegte.

Diese Frage haben sich natürlich schon zahlreiche Wissenschaftler und Forschergruppen gestellt. Im März 1957 gab ein »Deutsches Forschungskonvent für das Grablinnen« durch seinen Initiator Hans Naber (alias Kurt Berna) nach mehrjährigen Untersuchungen der Fotos dem damaligen Papst Johannes XXIII. schriftlich bekannt: »Das in Turin aufbewahrte, von der Christenheit verehrte, von vielen Päpsten als Grablinnen Christi bezeichnete Turiner Linnen hat als echt zu gelten. Es sind entscheidende Beweise vorhanden, daß Jesus Christus nach der Hinrichtung, nach Entfernung der Dornenkrone in dieses heute in Turin aufbewahrte Linnen gelegt wurde.«

Die Gebeine eines anderen damals Gekreuzigten namens Jehohanan, die 1968 in Jerusalem gefunden wurden, sind ein weiteres Indiz für die Echtheit des Turiner Tuches. Angebliche Fälscher im Mittelalter hätten nicht wissen können, daß die Nägel nicht durch die Handflächen (dort wäre nämlich kein Halt gewesen), sondern durch die Handgelenke getrieben wurden, wie es die Gebeine von Jehohanan zeigen. In den mittelalterlichen Darstellungen sind die Nägel oder die Wunden (fälschlicherweise) immer in die Handflächen Jesu eingezeichnet worden, auf dem Tuch sind die Wunden aber an den Handgelenken zu sehen. Desgleichen sind auf dem Tuch richtigerweise Spuren einer Dornen-»Haube« zu sehen und nicht wie auf allen Gemälden eine wohl schwer zu flechtende Dornen-»Krone«. Außerdem hätte man im Mittelalter Jesus nicht halb nackt wie auf dem Tuch abbilden dürfen.

Im Jahre 1969 untersuchten erstmals italienische Wissenschaftler das Leinentuch in Turin. Nach Infrarot- und Ultraviolettaufnahmen wurden »unsichtbare Strahlenwellen und Spektrallinien« entdeckt. Dabei kamen die Wissenschaftler mehrheitlich zu der Meinung, daß das Abbild auf dem Tuch nicht durch Malerei entstand, und es wurden sogar Spuren von Blut festgestellt. 1973 wurde dem Tuch durch Prof. Gilbert Raes aus Gent erstmals eine Stoffprobe entnommen. Die Untersuchung ergab, daß es sich um ein seltenes Leinengewebe handelt, das vor dem 15. Jahrhundert im Abendland bisher nicht nachgewiesen wurde. Prof. Raes fand auch Spuren von Baumwolle, und zwar von der in vorchristlicher Zeit in Syrien kultivierten Art »Gossypium herbaceum«. Der Züricher Kriminologe und Naturwissenschaftler Dr. Max Frei entnahm dem Tuch im selben Jahr einige Staubteilchen mittels Klebefolien. 1976 gab Dr. Frei das Ergebnis seiner mikroskopischen und chemischen Untersuchungen der Staubteilchen, die er im November 1973 den beiden unteren Ecken des Leinentuches entnommen hatte, bekannt. Er berichtete darüber am 24. März 1976 in der »Deutschen Post«. Daraus geht hervor, daß in den Staubpartikeln

Spuren von Blütenpollen zu finden sind, die von Pflanzen stammen, die zur Zeit Jesu in Palästina heimisch waren. Dr. Frei fand »Blütenstaub von sechs Pflanzenarten, die nur in Palästina wachsen, von einer türkischen und acht mediterranen Spezien«, und er folgert daraus: »Ich kann mit Sicherheit behaupten, daß dieses Gewebe aus der Zeit Christi stammt und daß es in Palästina, der Türkei, in Frankreich und schließlich in Italien der freien Luft ausgesetzt war.«

Auch im Jahre 1976 wurde noch eine ganz erstaunliche Entdeckung gemacht. Die beiden Raumsonden Viking 1 und Viking 2 übermittelten gerade zahlreiche Bilder von der Marsoberfläche zur Erde. Dr. D. Lynn vom »Jet Propulsion Laboratory« der NASA, der damals die Marsaufnahmen mittels Frequenzanalyse untersuchte, hatte die Idee, das gleiche mit einer Aufnahme vom Turiner Leinentuch zu tun. Seine Untersuchung bewies, daß die Konturen des Bildes nicht von Menschenhand auf das Tuch gekommen sein können. Die Konsistenz in der Strichführung hätte dies verraten. Damals wurden die Marsbilder mit einem Bildanalysator der Type VP8 ausgearbeitet, um die Höhenunterschiede der Strukturen auf der Marsoberfläche deutlich zu machen. Zwei amerikanische Forscher, Mitarbeiter des »Air Force Weapons Laboratory« in Albuquerque in New Mexico, John Jackson und Eric Jumper, legten die Aufnahme von G. Enrie unter diesen Bildanalysator, und sie konnten erstmals einen 3-D-Effekt in dem Abbild erkennen. Es war verblüffend. Plötzlich zeigte sich das Abbild des Gekreuzigten in dreidimensionaler Darstellung! Die Konturen sind regelrecht auf das Tuch projiziert worden. Kein normales Foto und keine Malerei hätten so etwas bewirken können. Dem Bild auf dem Tuch muß ein Körper zugrunde gelegen haben! Jackson und Jumper fertigten von ihm sogar eine Plastik an, die jetzt in der Kapelle des Luftwaffenstützpunktes in Albuquerque steht, und sie kamen zu dem Schluß, daß dieser 3-D-Effekt durch einen »kurzen Stoß von Strahlungsenergie« zustande kam. Prof. Giovanni Tamburelli vom »Centro Studi e Laboratori Telecommunicazioni« (CSELT) in Turin hat mit einer Forschergruppe inzwischen ebenfalls phantastische 3-D-Aufnahmen von dem Mann auf dem Tuch gemacht, die besonders beachtlich sind.

Im März 1977 konstituierte sich eine Gruppe aus 30 Wissenschaftlern, Theologen verschiedener Glaubensrichtungen, Botanikern, Mikrobiologen und Mikroanalytikern, um der Echtheit des Leinentuches nachzugehen. Die Gruppe, der amerikanische und europäische Wissenschaftler angehörten, nannte sich »Shroud of Turin Research Projekt« (STURP) und verbrachte zur Untersuchung des Leinens im Oktober 1978 fünf Tage in Turin. Sie kam zu folgendem Ergebnis: Das Tuch ist nicht das Werk eines Künstlers. Die Blutspuren auf dem Tuch enthalten Hämoglobin, den roten Blutfarbstoff. Vom Untersuchungsteam wurde kein Farbstoff oder ähnliches auf dem Leinentuch entdeckt. Die Wissenschaftler sind davon überzeugt, daß in dieses Tuch ein Verstorbener eingewickelt wurde, dessen Abbild durch einen Verbrennungsprozeß entstanden ist. Die Blutspuren auf dem Leinen sind echt. Das Tuch enthält Hinweise darauf, daß Jesus auferweckt wurde. Die Fakten sprechen dafür, daß der Körper nicht von Menschenhand aus dem Tuch entfernt wurde, denn die Blutspuren sind präzise an den verwundeten Stellen. Sie wären verschmiert oder gebrochen worden, hätten Menschen den Körper aus dem Tuch entfernt. Die wahrscheinlichste Ursache für die Entstehung dieses Abbildes auf dem Tuch war eine große Hitze oder ein Lichtblitz von besonders kurzer und unnatürlicher Stärke. Es muß ein Strahlenblitz von einer zweitausendstel Sekunde gewesen sein, meinen die Forscher. Die Untersuchungsergebnisse bestätigen die Authentizität des Leinentuches, den Tod Jesu und seine Auferstehung. Aus all dem folgerten die STURP-Wissenschaftler: *Das Abbild auf dem Leinentuch von Turin ist nicht von Menschenhand gemacht*.

Prof. Baima Bollone, Direktor des Institutes für Gewebemedizin in Turin, hat 1978 immunbiologisch festgestellt, daß das Leinentuch Spuren von menschlichem Blut enthält: »Wir fanden den Blutfarbstoff Hämoglobin, Bilirubin und das für den Stofftransport im Blut wichtige Protein Albumin.« Es wurde Blut der Gruppe AB festgestellt.

Einer der bekanntesten Mikroanalytiker und STURP-Mitglied Walter McCrone untersuchte im Jahre 1978 Teile des Leinens mit dem Elektronenmikroskop und entdeckte in den Blutflecken Spuren von Eisenoxid (Fe_2O_3) und Kalzium. Die Eisenoxid-Spuren befinden sich nur in dem Abbild Christi und nicht im sonstigen Bereich des Leinens; sie variieren in den Farben von Gelb bis Rot. Angeblich bestätigen diese Spuren, daß das Abbild auf dem Turiner Leinen aufgemalt wurde, da auch in mittelalterlichen Farbmischungen Spuren von Eisen und Kalzium enthalten waren, doch McCrone meinte, für diese Annahme seien die Eisenoxid-Spuren viel zu rötlich. Außerdem entdeckte er in den Blutspuren auch den Farbstoff HgS, nämlich Zinnoberrot, der auch im Mittelalter in der Malerei verwendet wurde; dennoch waren sich die STURP-Wissenschaftler einig: »Wir alle sind der Meinung, das Tuch ist keine mittelalterliche Malerei.« Es wäre auch recht seltsam, daß ein Kunstwerk über 600 Jahre lang die Fachwelt derart täuschen kann. Noch zu Ostern 1981 meinte ein Mitglied dieser Wissenschaftsgruppe im amerikanischen ABC-TV: »Die Wahrscheinlichkeit, daß dieses Leinentuch eine Fälschung ist, steht eins zu eine Million.«

Im Jahre 1984 berichtete die internationale Fachzeitschrift »Advances in Archeological Chemistry« über den Vorgang der Tuchverfärbung: Die Flachsfasern sind nicht miteinander verklebt; sie sind »in sich« verfärbt. Keine Art von Ausdünstung konnte die Färbung verursachen. Dunst und Dampf würden ringsum auf den oberen Faden einwirken und auch auf den darunterliegenden. Die gefärbten Fasern zeigen bei Vergrößerung statt irgendwelcher Farbträger nur eine durch Korrosion beschädigte Oberfläche. So bleibt als Ursache nur eine Energie, die dem Licht ähnelt. Dessen Strahlen können keine krummen Wege gehen wie etwa der Qualm.

Paul Vignon, Biologe und Professor am »Institut Catholique Paris«, meinte schon um die Jahrhundertwende zu dem Abbild auf dem Turiner Tuch: »Kein Maler, in seinen kunstvollsten Werken, kam jemals zu einer solchen Exaktheit. Das Bild muß durch eine Art Projektion zustande gekommen sein.« Auch der

Präsident der Gesellschaft für Atomphysik in Amston im US-Bundesstaat Connecticut, Thomas d'Muhala, meinte 1979, das Abbild auf dem Tuch entstand durch einen »kurzen Strahlenblitz, der vom Körper des Heilands ausging und eine Art Energiefoto erzeugte. Vielleicht hat dieser Strahlenblitz etwas mit der Auferstehung Christi zu tun. Möglich auch, daß Christus das Tuch ganz absichtlich dem kritischen Verstand der Menschen als wissenschaftliches Rätsel hinterlassen hat.« Sollte das Christus-Bild auf dem Leinen tatsächlich durch einen Lichtblitz, vielleicht bei der Auferstehung Jesu, entstanden sein, dann wäre dies wohl das erste Polaroid-Foto der Welt.

Das Jahr 1988 war ebenfalls ein bedeutendes Jahr für die Grabtuchforschung. Papst Johannes Paul II. hatte sich endlich zu einer Radiocarbon-Datierung entschlossen, die schon von vielen Seiten gewünscht wurde. Es sollte endlich der Beweis für oder gegen die Authentizität des Turiner Leinentuches erbracht werden. Am 21. April 1988 wurden in der Sakristei des Turiner Domes einem Forscherteam der Eidgenössischen Universität in Zürich, einer Gruppe in Tucson von der Universität in Arizona und einem britischen Team der Oxford Universität Stoffproben zur Verfügung gestellt.

Im August 1988 liefen dann die ersten Meldungen durch die Presse, wie: »Turiner Grabtuch datiert! Britische Wissenschaftler behaupten, das Grabtuch ist eine Fälschung!« Am 29. September 1988 wurde der Papst darüber informiert. Er ließ am 13. Oktober durch den Erzbischof von Turin, Kardinal Carlo-Anastasio Ballestrero, das offizielle Ergebnis verlautbaren. Demnach hatte die Radiocarbon-Untersuchung ergeben, daß das in Turin aufbewahrte Tuch nicht älter als 728 Jahre sei und mit 95prozentiger Sicherheit in die Zeit zwischen 1260 und 1390 nach Christus datiert werden könne.

Das Ergebnis rief sofort Kontroversen hervor: Der Sprecher und wissenschaftliche Berater des Kardinals von Turin, Prof. Luigi Gonelle, meinte: »Die Tests waren von der Kirche nicht genehmigt, und wir sind nicht an das Resultat gebunden. Wenn das Tuch nun in das Mittelalter datiert wurde, so ist es noch immer mysteriös, wie es zustande kam. Für die Kirche wird dieses Leinen immer ein begehrtes Objekt sein. Es ist ein sehr interessantes Bild vom Leidensweg Christi.« Kardinal Bellestrero ließ jedoch mitteilen, daß das Ergebnis von der Kirche nicht angezweifelt werde. Das Leinen werde weiterhin eine verehrenswürdige Ikone bleiben und im Dom zu Turin ausgestellt.

Zu Ostern 1990 platzte jedoch die Bombe, als namhafte Grabtuchexperten erhebliche Zweifel an der Datierung anmeldeten. Der bekannteste europäische Grabtuchforscher Prof. Werner Bulst sprach nun sogar vom »Betrug am Turiner Grabtuch«. In einer gleichnamigen Streitschrift stellte er zahlreiche Gründe dar, weshalb die Untersuchung angezweifelt werden müsse. Die Probenentnahme erfolgte nicht sorgfältig genug, so daß die Stücke vom Turiner Leinen mit anderen, zeitlich jüngeren Vergleichsstücken vertauscht werden konnten. Es erfolgte nämlich eine »Blindanalyse« mit bereits datierten Stoffresten aus einem nubischen Grab (11. Jahrhundert), von einer ägyptischen Mumie (um Christi Geburt) und vom Chormantel des Ludwig von Anjou (um 1300), wobei die einzelnen Teams vorher nicht wußten, welches Stück sie vor sich hatten. Diese Proben und die vom Turiner Tuch wurden in neun kleine Metallbehälter gelegt und numeriert. Dieser so wichtige Vorgang wurde jedoch nicht von unabhängigen Personen durchgeführt, sondern vom Leiter der Untersuchung und Konservator am Britischen Museum Dr. Michael Tite, im Beisein von Kardinal Ballestrero in einem Nebenraum des Domes zu Turin. Das britische Team war zuerst mit der »Fälschungsmeldung« in der Presse. In England kam zeitgleich ein Buch auf den Markt, das das Ergebnis bereits vorweggenommen hatte. Wie auch immer: Wissenschaftlich einwandfrei war das Ganze nicht. Warum hat man nicht die Proben in aller Öffentlichkeit und vor laufenden Fernsehkameras, in Anwesenheit aller an der Datierung interessierten Forschergruppen vorgenommen – ohne verwirrende »Vergleichsstücke«? Außerdem wäre bei der Untersuchung eines so bedeutsamen Stückes eine notarielle Aufsicht notwendig gewesen. Prof. Bulst kommt jedenfalls zu dem Resümee: »Die kritische Prüfung des Radiocarbontests läßt keinen Zweifel: Es waren offenbar nicht die dem Turiner Grabtuch am 21. April 1988 entnommenen Probestücke getestet worden.«

Auch der Leipziger Pfarrer Karl Herbst bezweifelt in seinem Buch »Kriminalfall Golgatha« die Datierung von 1988. Er hat sogar den Papst aufgerufen, die Aufklärung der Angelegenheit persönlich in die Hand zu nehmen. Durch sorgfältige Abzählung der Fäden an den Stoffproben und akribische Detailsuche kommt Pfarrer Herbst zu dem Ergebnis: »Bei der Probenahme für die Carbonaltersbestimmung des Grabtuchs am 21. April 1988 wurden schon in Turin und nicht erst in den Labors die drei vom Grabtuch abgeschnittenen Leinenstückchen absichtlich mit ähnlichen Textilien aus dem Mittelalter vertauscht.« Pfarrer Herbst im Detail: »Mittels einer fototechnischen Methode, die Stärke der Fäden miteinander zu vergleichen, fand ich, daß die Dick-Dünn-Abfolge in der Oxfordprobe abweicht von jener im Originaltuch; und zwar an genau derselben Stelle: oberhalb der dritten Spitzfadenerhebung rechts der Falte, besonders deutlich in der Fadenfolge 4–5–6.« Demnach soll die Probe, die dem Team aus Oxford überreicht wurde, nicht vom Turiner Tuch stammen.

Dazu kommt noch, daß die Stoffproben von einem Teil des Tuches entnommen wurden, der stark verschmutzt ist und wo das Leinen oft in der Hand gehalten wurde. Außerdem finden sich große Brandflecken und Spuren von Löschwasser auf dem Tuch, was das Ergebnis der Untersuchung verfälscht haben könnte.

Auch die beiden Autoren Holger Kersten und Elmar Gruber kommen, nach eigenen Recherchen vor Ort, in ihrem 1992 erschienenen Buch »Das Jesus-Komplott« (Langen Müller Verlag, München) zu dem Schluß: »Wenn sich die Stoffe auch auf den ersten Blick ähnlich sehen, so sind sie dennoch nicht identisch. Der Nachweis ist eindeutig: Die Labors haben falsche Stoffstücke zur Datierung ausgehändigt bekommen, die nicht vom Turiner Tuch stammen!«

Tatsächlich soll dem Tuch ein 70 mal 10 Millimeter großes Stück entnommen worden sein, das dann in drei gleiche Teile zerlegt wurde: jeweils etwa 23 mal 10 Millimeter groß. Die einzelnen Labors erhielten aber Stoffproben von der Größe 16 mal 17 Millimeter. Wie kam das zustande? Welche Stoffproben wurden da untersucht? Zu den drei Stoffstücken, dem vom Turiner Tuch, dem aus dem nubischen Grab und dem von der ägyptischen Mumie, kamen erst später (im Briefumschlag) die Proben vom Chormantel des Ludwig von Anjou. Wozu wohl? Waren die anderen Stoffproben zu alt, so daß man ein jüngeres »dazutun« mußte?

Vermutlich wurde bei diesem »Verwechslungsspiel« das Turiner Leinentuch doch richtig ins alte Palästina datiert! Eine Stoffprobe erbrachte nämlich die Datierung 9 v. Chr. bis 78 n. Chr. Es soll das Stoffstück der ägyptischen Mumie gewesen sein, doch niemand kann das bestätigen. Es ist auch nach der Untersuchung nicht mehr aufgetaucht. Wo ist es geblieben? Sollte damit ein Täuschungsmanöver inszeniert worden sein?

Eine wissenschaftliche Arbeit hat den Sinn und Zweck der Nachvollziehbarkeit – zur Kontrolle und auch für weitere Forschungen. Das ist aber nach dieser Untersuchung nicht möglich. Restliche Stoffstücke vom Turiner Tuch sollen noch in den Laboratorien und beim wissenschaftlichen Berater des Kardinals Giovanni Riggi liegen, »für die Zukunft«, wie es heißt.

Inzwischen soll Dr. Tite selbst die »Fälschungsthese« aufgegeben haben. Der Papst ließ 1990 verlauten, daß das Turiner Grabtuch weiterhin »eine echte Reliquie« (lateinisch »Überrest von Heiligen«) bleiben werde und daß es das »wahre Abbild« Jesu zeige. Der Glaube daran sei durch die wissenschaftliche Untersuchung von 1988 noch intensiver geworden. Das Grabtuch hat also eine neuerliche »Auferstehung« erfahren.

Bereits zu Ostern 1988 gab es über den Datierungsversuch eine Fernsehdiskussion im »Club 2« des österreichischen Fernsehens, mit namhaften Fachleuten. Dabei äußerte sich der bekannte österreichische Kunstmaler Prof. Ernst Fuchs, der sich jahrelang mit dem Leinentuch befaßt hat, dahingehend: »Ich habe aus meiner Erfahrung heraus, ohne daß ich Kenntnis von den wissenschaftlichen Untersuchungen hatte, mit den Bildern von der ›Marssonde‹ und den Fältelungen des Tuches festgestellt, es ist mindestens so alt wie das Jesusbild in der bildenden Kunst. Vom Ausdruck her eine völlige Identität mit der gesamten christlichen Ikonographie von 1700 Jahren.«

Im Jahre 1994 veröffentlichten die beiden Autoren Lynn Picknett und Clive Prince ihre Theorie, das Abbild auf dem Turiner Leinen zeige Leonardo da Vinci. In ihrem Buch »Die Jesus-Fälschung« kommen die Forscher durch eine Reihe von Überlegungen zu dem Schluß, daß der italienische Künstler das Leinentuch 1492 auf fotografischem Wege angefertigt und sogar sein Gesicht darauf verewigt habe. So faszinierend diese Hypothese auch sein mag, so beinhaltet sie doch eine Reihe von Widersprüchen. Leonardo da Vinci hätte diese Arbeit unmöglich geheimhalten können. Die dafür notwendige fotografische Apparatur, wie sie damals vielleicht in Form einer einfachen »camera obscura« zur Verfügung stand, hätte riesige Ausmaße haben müssen, um ein zwei mal ein Meter großes Bild zu schaffen. Es wäre eine mehrstündige Belichtungszeit notwendig gewesen, die Leonardo regungslos hätte verbringen müssen. Hätte er ein Grabtuch Jesu fälschen wollen oder müssen, wäre er sicher nicht auf eine Fotografie gekommen. Kein einziger Zeitzeuge Leonardos erwähnt ein derartiges Projekt, und außerdem existierte das Leinentuch nachweislich schon mindestens hundert Jahre vor Leonardos Zeit.

Schon die Wissenschaftler von STURP konnten auf dem Leinen keine Spuren von Pinselstrichen erkennen. Inzwischen hat der israelische Chemieprofessor Dr. Alan Adler in den USA das gleiche festgestellt: »So dünne Fasern, wie sie das Gewebe des Tuches aufweist, lassen sich nicht einmal mit feinsten Pinselstrichen, etwa mit Zobelhaaren, färben.« Kein Wissenschaftler konnte bislang die Frage beantworten, wer dieser Gekreuzigte wirklich war. Wie der Jesuitenpater Werner Bulst meint, waren Römer und Ägypter bartlos, nur die Juden trugen, ihrer Tradition entsprechend, lange Haare und Bärte. Auf dem Abbild ist deutlich ein Mann zu erkennen, der alle Merkmale aufweist, die auf Jesus hindeuten. Die Spurensuche geht also weiter.

VIII. Bilder aus der Vergangenheit

Ein Briefwechsel mit Jesus

Lieber Jesus!
Ich habe schon viel von Deinen Wundern und Taten gehört. In meinem Land gibt es zahlreiche Zerwürfnisse, und es sind viele Aufgaben zu lösen. Ich würde mir gerne Deine Lehren anhören, um meinem Volk zu helfen. Leider bin ich aber sehr krank und kann nicht zu Dir kommen. So sende ich Dir einen Boten mit der Bitte, in mein Reich zu kommen, um mich von meinen Qualen zu befreien. Du würdest bei mir auch fürstlich empfangen werden, und alle meine Diener würden Dir zu Füßen liegen, um Deinen Aufenthalt bei mir so angenehm wie möglich zu gestalten.

König Abgar von Edessa

Lieber König Abgar!
Dein Bote hat mir Deinen Brief überreicht, und ich habe mich sehr darüber gefreut. Wie Du aber sicher weißt, habe ich hier in Jerusalem sehr viel zu tun, und es ist mir leider nicht möglich, Deine Einladung anzunehmen. Ich will Dir daher einen meiner Jünger schicken, der Dir ein Tuch mitbringen wird, das Dich von Deinen Leiden befreit.

Jesus von Nazareth

Diese Briefe sind frei erfunden, doch es könnte sich so ähnlich abgespielt haben, wenn man altsyrischen Texten folgt, die der »Vater der Kirchengeschichtsschreibung« Eusebios (260 bis 340 n. Chr.) aufgezeichnet hat. Demnach soll König Abgar Ukkama (13 bis 50 n. Chr.) von Edessa den Boten zu sich gerufen haben und irgendwie geblendet gewesen sein von dem Bild auf dem Tuch, das der Bote trug. Bei diesem Boten soll es sich um einen Jünger Jesu namens Thaddäus gehandelt haben. Diese Geschichte wurde später von Rufin von Aquileja (345 bis 410 n. Chr.) ins Lateinische übersetzt.

Viele meinen, dieses Tuch sei das Grabtuch Jesu gewesen. Tatsache ist, daß seit dem 6. Jahrhundert in Edessa das sogenannte Mandylion verehrt wurde, das als Vorlage für viele spätere Christusbilder diente. Eine Kopie davon soll am parthischen Tor zum Schutz der Stadt vor Feinden angebracht gewesen sein wie, der parthischen Tradition entsprechend, die beiden Schutzgötter Bel und Nebu (Nebu ist ein alter Name für den Planeten Mars). Das »Mandylion-Bild« soll eine Art Schrein gewesen sein, in dem durch ein Gitter mit einer kreisrunden Öffnung das Angesicht Jesu zu sehen war. Die früheren Kopisten haben das Christusgesicht stets in einer kreisrunden Umrahmung mit eigenartigem Gittermuster am Rand des Bildes dargestellt. Daraus hat sich wahrscheinlich, vielleicht auch in Anlehnung an die »Leuchtkraft« des Mandylions, der sogenannte Heiligenschein entwickelt, der dann auch auf andere Persönlichkeiten übertragen wurde. Im Christusbild aber wurde in diesem kreisrunden Heiligenschein oft ein Kreuz, entsprechend der »Strahlkraft«, eingezeichnet. Sogar der runde Hemdausschnitt am Hals Jesu wurde darin einbezogen. Diese Darstellung wurde zur Grundlage des Christusbildes in der gesamten byzantinischen Sakralkunst und zum sogenannten »Christos Pantokrator«. Der Name kommt aus dem Griechischen und bedeutet »Christus der Allherrscher«.

Die Bezeichnung »Mandylion« leitet sich aus dem arabischen Wort »mandil« oder »mindil« ab, was im Lateinischen dem »mantele« oder »mantellum« entsprechen könnte. Das bedeutet soviel wie eine Art Umhang oder ein großes Tuch. Wie konnte man aber in Edessa einen Schrein so bezeichnen? Wußte man damals, daß es sich in Wahrheit um ein großes Stück Stoff handelte? Interessanterweise wird in alten Texten, den sogenannten Acta Thaddei aus dem 6. Jahrhundert, berichtet, wie das Abbild auf das Tuch kam. Danach soll Jesus selbst sein Angesicht in das »tetradiplon« gedrückt haben, das in dem Schrein liegt. Das Wort »tetradiplon« bedeutet aber soviel wie »Vier-Doppeltes«, also auch »vierlagig« gefaltet bzw. im weiteren Sinn »achtfach«. Lag also in dem »Mandylion« ein Tuch in vier doppelten Lagen?

Wenn das Turiner Leinen mit seiner Länge von 4,36 Meter einmal in der Mitte gefaltet wird (also auf 2,18 Meter), dann nochmals in der Mitte (entsprechend 1,09 Meter) und dann noch einmal, erhalten wir acht Flächen zu je 1,10 Meter mal 0,545 Meter – das wäre dann auch etwa die Größe des Schreins von Edessa gewesen. Das Besondere daran ist jedoch, daß durch eine derartige Faltung das Christusgesicht exakt in der Mitte des Tuches, also des Schreins, zu liegen kommt. Durch die kreisrunde Öffnung betrachtet, erscheint es wie selbständig abgehoben, wie ein »Medaillon« (französisch »Rundbildchen«), und kein Uneingeweihter konnte ahnen, daß es sich dabei um ein größeres Tuch handelte. Die mit der Sache Vertrauten wußten natürlich davon, dennoch konnte das Tuch die früheren Jahre unbeschadet überdauern. Aus diesem Grund gibt es kein frühes komplettes Bild von ihm.

Die Darstellung als Rundbild taucht jedoch in vielen früheren Kunstwerken auf. Ein besonders eindrucksvolles Bild, das in seinen Einzelheiten dem Christusgesicht auf dem Turiner Tuch auf verblüffende Weise ähnelt, ist auf einer Silbervase aus dem 6. Jahrhundert zu sehen. Sie stammt aus Emesa in der Nähe von Edessa und ist heute im Louvre in Paris aufbewahrt. Das Porträt darauf wollen wir uns genauer ansehen, denn es wird noch von besonderer Bedeutung sein. Es zeigt Jesus mit schulterlangem, eng anliegendem Haar (auf der linken Seite etwas fülliger und länger) und Mittelscheitel, mit einem geteilten Kinnbart, einer langen, schmalen Nase (der linke Nasenflügel erscheint etwas größer), mit einem hervortretenden rechten Backenknochen, einem schmalen Mund mit heruntergezogenen Mundwinkeln sowie einem starren, hypnotisierenden Blick. Dieses Bild ist mit größter Wahrscheinlichkeit das Christusgesicht auf dem Turiner Leinentuch! Und zwar so, wie es ein Betrachter ohne Hilfsmittel sehen würde: als *Positiv*. Das sollten wir uns merken, denn nun wird es interessant.

In der jüngeren Ikonographie und auch auf anderen späteren Bildwerken wird der »Christos Pantokrator« (der Allherrscher) meist im Negativ dargestellt, in den früheren Bildwerken dagegen im Positiv. Das heißt: früher mit dem langen, fülligeren

Haaransatz auf der linken Seite, später mit dem vollen, längeren Haar auf der rechten Seite. Warum? War damals schon die Fotografie bekannt? Wohl kaum, denn es handelt sich bei diesen Bildern nicht um fotografische Negative (bei denen das Bild ja nicht umgedreht wird, sondern nur die hellen zu dunklen Flächen werden), sondern einfach um spiegelverkehrte Bilder. Auch das ist aber äußerst seltsam! Wer sollte ein Interesse haben, das Grabtuch Jesu spiegelverkehrt zu betrachten? Oder wollte man die Fotografie lediglich nachahmen? Weil vielleicht irgend jemand sie schon irgendwo gesehen hatte? Eine unglaubliche Vorstellung; aber vielleicht doch nicht ganz abwegig. Erinnern wir uns an die Meinung einiger Experten, das Bild auf dem Turiner Tuch sei durch eine Art Projektion entstanden.

Möglicherweise war es ein Zufall, aber vielleicht war der Archidiakon Gregorios, Referendar der großen Kirche zu Konstantinopel, ein besonders gescheiter oder auch in die Sache eingeweihter Mann. Am Abend des 16. August 944 hielt er vor dem »thronenden« Edessa-Bild im Bukoleon-Palast eine flammende Rede. Er sprach über die Geschichte des Mandylions, über seine Herkunft und seinen Weg nach Edessa. Er betonte, daß darauf der Blutschweiß von Gethsemane abgedrückt sei, aber nicht wie auf sonstigen Ikonen mit bunten Farben, sondern direkt »aus der Agonie« des Antlitzes, aufgedrückt »mit göttlichem Finger«. Er wies seine Zuhörer besonders darauf hin, daß das Bild unbedingt »wie ein Spiegel« zu betrachten sei. Er kannte offenbar sogar das ganze Tuch, denn er wußte von »Blutstropfen, aus seiner eigenen Seite« zu berichten. Vom Garten Gethsemane am Ölberg, wo Jesus verhaftet wurde, kann aber das Tuch nicht stammen, es muß sich um das Grabtuch handeln. Bemerkenswert ist jedenfalls die ausdrückliche Betonung, das Bild sei *spiegelverkehrt*.

Gregorios war nicht irgend jemand, sondern ein guter Kenner der Geschichte und der Kunst. Prof. Gino Zaninotto, ein italienischer Gelehrter, hat den Originaltext der Rede in einer Handschrift aus Gregorios' Zeit entdeckt und veröffentlicht. Gregorios wurde später seines Amtes enthoben, der spätere

Kaiser Konstantin VII. hat aber seine Worte in die Tat umgesetzt. Eine Ikone im Katharinenkloster am Sinai, aus dem 10. Jahrhundert, zeigt den legendären König Abgar mit den Gesichtszügen von Konstantin VII., und in der Hand hält er das Tuch mit dem Antlitz Jesu »wie im Spiegel«.

Einen ersten Hinweis auf die spiegelverkehrte Betrachtung des Leinentuchs Christi gibt es offenbar auf einem Bild der Apostel-Kommunion aus dem 6. Jahrhundert. Darauf ist ein doppelter Christus zu sehen, der die Apostel segnet – sowohl von rechts als auch von links. Das muß eine besondere Bedeutung haben, denn der Künstler hätte Jesus auch an den Rand stellen können, um die gesamte Schar der Apostel zu segnen. Es muß ein Hinweis darauf sein, daß das Bild auf dem Tuch Jesu spiegelverkehrt gesehen werden soll. Es ist auf diesem Bild der Apostel-Kommunion auch der linke Jesus besser ausgeprägt als der rechte, exakt mit den Gesichtszügen wie auf dem Turiner Leinentuch im spiegelverkehrten Negativ.

Vergegenwärtigen wir uns noch einmal: Auf dem Turiner Leinentuch ist schemenhaft eine große männliche Gestalt zu sehen. Wer direkt vor dem Bild steht, sieht fast gar nichts. Erst aus etwa zwei Meter Entfernung ist eine Gestalt auszumachen. Pfarrer Herbst schreibt: »Das Bild ist wie leicht hingehaucht, ohne Konturen, erst aus 2 Meter Entfernung zu erkennen; es wirkt gespenstig und wird nur in der Hell-Dunkel-Umkehr zum richtigen Menschenbild. Dann aber kann dieses Antlitz den, der sich ihm aussetzt, bis in die Tiefe ansprechen.« Das Original zeigt ein Gesicht mit starrem, hypnotisierendem Blick. Das ist auf den Abdruck zurückzuführen, auf dem die dem Körper entfernteren Stellen heller und die dem Körper näheren Stellen (wie auch die Augenlider) dunkler sind. Diesen starren Blick haben frühere Kopisten übernommen, wie auf der Silbervase von Emesa und auch sehr eindrucksvoll an dem Christusbild in Mosaik in der Apsis der Lateranbasilika in Rom, das schon kurz nach 312 entstand, zu sehen ist. Sie haben also ganz offenbar das Original gesehen. Erst auf dem fotografischen Negativ sind die Augen wirklich geschlossen; das Bild wirkt nun beruhigender, frommer. Diesen Ausdruck haben dann spätere Künstler übernommen – sie müßten also das Negativ gesehen haben. Vermutlich war es aber schon im Altertum bekannt. Die Gründe dafür werden im Verlauf dieses Buches noch erklärt. Bei Durchsicht der bekanntesten Christusbilder ergibt sich jedenfalls folgende Übersicht:

Mosaik, Lateranbasilika, Rom, kurz nach 312	POSITIV
Silbervase, Emesa, Louvre, Paris, 6. Jahrhundert	POSITIV
Silberpatene, Apostel-Kommunion, doppelter Christus, Riha, Syrien, 565–578	POSITIV und NEGATIV
Ikone, wachsfarben gemalt, Katharinenkloster, Sinai, 6. Jahrhundert	NEGATIV
Münze, Solidus, byzantinisch, 692	NEGATIV
Goldmünze, Solidus, Justinian II., 692–695	NEGATIV
Goldmünze, Solidus, Justinian II., andere, 7. Jahrhundert	POSITIV
Münze, Solidus, byzantinisch, Konstantinopel, 945	NEGATIV
Mosaik, Kloster Daphni, um 1100	NEGATIV
Mosaik, thronender Christus, Hagia Sophia, 9./10. Jahrhundert	NEGATIV
Ikone, König Abgar, Konstantin VII., Katharinenkloster, Sinai, 10. Jahrhundert	NEGATIV
Mosaik, Kathedrale von Cefalù, 12. Jahrhundert	NEGATIV
Mandylion-Kopie, Gradac, Serbien, 12. Jahrhundert	POSITIV
Mandylion-Kopie, Kloster Studenica, Serbien, 13. Jahrhundert	NEGATIV
Mandylion-Kopie, Armenierkirche, Genua, 14. Jahrhundert	eher POSITIV

Charakteristisch und besonders bemerkenswert ist das in den Nacken geschwungene Haar auf der linken Seite der Negative bzw. auf der rechten Seite bei den Positiven. Desgleichen ist zu beachten, daß auch bei Gemälden, die die Grablegung Christi darstellen, auf diesen Umstand Rücksicht genommen wird. Ein Bild von G. B. Della Rovere aus dem 17. Jahrhundert, das sich in der Pinakothek im Dom zu Turin befindet, zeigt Jesus, wie er mit dem Grabtuch bedeckt wird, wobei der Leichnam in »positiver Haltung« liegt, genau wie auf dem Turiner Tuch abgebildet – nämlich mit gekreuzten Händen, die rechte Hand über der linken. Das gleiche sieht man auf einem Bild im »Codex Pray« aus dem Zeitraum 1192 bis 1195, der sich in Budapest befindet, und auf einem Grabbild in Thessaloniki aus dem 14. Jahrhundert. Die Künstler müssen also das Original gesehen haben. Tatsächlich ist diese Lage aber nicht ganz richtig, denn das Tuch ist ja ein Abdruck, und der Tote müßte in Wirklichkeit spiegelverkehrt, also »negativ« liegen, weshalb wahrscheinlich auch Gregorios ausdrücklich darauf hingewiesen hat. Die Künstler aber konnten nicht anders, weil sie den Abdruck originalgetreu wiedergeben wollten oder mußten.

Ein auffälliges Merkmal am Turiner Leinen sind auch die Blutspuren im Bereich des Kopfes. Eine besonders markante Spur an der Stirn sieht im spiegelverkehrten Negativ der Ziffer drei ähnlich. Direkt darunter ist noch ein kleiner Blutstropfen, und rechts davon befindet sich eine auffällige Anordnung von drei regelmäßigen Blutflecken. Interessant wäre nun zu vergleichen, ob diese Einzelheiten auch auf früheren Kunstwerken auftauchen. Auf den ersten Blick scheint dies nicht der Fall zu sein, doch auf dem Christusporträt der byzantinischen Goldmünze aus dem Jahre 945 ist eine lange Locke, die fast bis zum rechten Augen reicht, zu sehen. Diese Locke sieht sogar einer Drei ähnlich. Rechts daneben sieht man noch eine Locke, die auf die drei Blutflecken hindeuten könnte. Auch einige Grabtuchforscher meinen, daß diese Blutspur in Form der Ziffer drei noch auf anderen Bildwerken in Form von zwei oder drei Locken dargestellt wurde. Daß es sich dabei nicht um exakte Wiedergaben der Blutspuren handelt, führen die Forscher darauf zurück, daß ein heroischer Christus nicht als Verwundeter dargestellt werden durfte.

Schon in den dreißiger Jahren haben Paul Vignon und später auch Edward Wuenschel im abgebildeten Gesicht des Mannes auf dem Tuch verschiedene Merkmale und Zeichen festgestellt wie: geschwollene Wangen, einen vergrößerten linken Nasenflügel, den geteilten Bart, zwei lose Haarsträhnen, einen Querstreifen auf der Stirn, eine U-Form und eine V-Form zwischen den Augen. Tatsächlich findet sich besonders die V-Form auf mehreren Christusdarstellungen, wie z. B. im »Christos Pantokrator« in der Kathedrale von Cefalù oder im »thronenden Christus« in der Hagia Sophia aus dem 9. bis 10. Jahrhunert. Andere Forscher wollen in den Augen Münzen aus der Zeit des Pilatus ausgemacht haben. Sie sollen sogar die Aufschrift »caisaros« tragen. Damals soll man Toten tatsächlich Münzen auf die Augenlider gelegt haben.

Vielleicht ist das Turiner Leinentuch, das mutmaßliche Grabtuch Christi, tatsächlich eine Art Polaroidfoto aus der Vergangenheit. Es könnte während der Auferstehung Jesu durch eine besondere Energieform in das Tuch projiziert worden sein. Immer wieder ist die Rede von einer »übernatürlichen Strahlung« oder »einer Art Licht«, wodurch das Bild auf dem Tuch entstand. Pfarrer Herbst zitiert die Zeitschrift »Advances in Archeological Chemistry« von 1984: »Die vom Körper ausgehende Energie wirkt fast wie Hitze und/oder Licht. Langsam vergilbt die Sonne unsere weißen Gardinen; schneller versengt Zigarettenglut die Jacke; blitzartig beschädigt der durch die Fotolinse gesammelte Lichtstrahl den lichtempfindlichen Filmbelag. Ähnliches geschah mit dem Tuch.« Die dunkleren Stellen auf dem Tuch sind nicht durch intensivere Vergilbung zustande gekommen, »sondern dadurch, daß hier pro Flächeneinheit zahlenmäßig mehr Punkte korrodierten«. Der Grad der Vergilbung ist dabei überall der gleiche. Es sind pro abgedruckter Fläche nur mehr oder weniger Bildpunkte »korrodiert«, wie auf einem Filmraster oder einem Computerbild.

Wir kennen das Phänomen von strahlenden Körpern aus der sogenannten Kirlian-Fotografie, auf die auch Pfarrer Herbst hinweist. Der russische Ingenieur Semjonow D. Kirlian entdeckte in den vierziger Jahren, daß Lebewesen und auch Pflanzen eine bestimmte elektromagnetische Ausstrahlung, eine Art »elektrographische Aura« besitzen, und er konnte das auch in einigen Fotografien eindrucksvoll darstellen. In den siebziger Jahren machte der Rumäne Prof. I. F. Dumitrescu derartige Versuche, die er in einem Buch mit dem Titel »Elektronographie« im Jahre 1979 veröffentlichte. Daraus ergibt sich:

1. Durch einen *einzigen* Impuls von *Höchstspannung* wird im Labor an der Grenzzone von Organismen (= Haut) eine Primärstrahlung hervorgerufen. Dabei wird die Energie des durch den Impuls entstandenen elektromagnetischen Feldes in *leuchtende Strahlung* verwandelt.

2. Im Unterschied zur Elektrographie nach Kirlian braucht die Elektronographie *keinen Raum zwischen Haut und Bildschirm* zur Beschleunigung der Elektronen.

3. *Psychische Erregungen verstärken und verändern* die bioelektrischen Vorgänge im Hautbereich zwischen dem sog. inneren elektrischen Medium und dem äußeren, worin sich der lebende Organismus integriert; so z. B. negative Emotionen, die zum Schweißausbruch führen können.

Pfarrer Herbst zitiert in diesem Zusammenhang auch die »strahlende Freude« Jesu und die Stärke seiner Emotionen. Am Ölberg bricht er vor Angst in Schweiß aus, am Berg Tabor »strahlte« er vor Freude, und an anderer Stelle begann er »zu glühen«. Was war das für ein Wesen, das da in dem Tuch abgebildet wurde – das derartige Phänomene auslösen konnte, die sich jeder irdischen Logik entziehen?

Auch auf einen weiteren Punkt weist Pfarrer Herbst hin: Ein vormosaischer Eigenname des Gottes Israels bedeutet *Energie*, entsprechend dem Wort *EL*, auch »Dynamik« oder »Kraft«. Am Kreuz rief Jesus bekanntlich: »Eli, Eli«, und die umstehenden Leute meinten, er rufe Elias. In Wirklichkeit hat er vielleicht »El, El«, also »Energie, Energie« gerufen. Das wirft ein ganz anderes Licht auf dieses Ereignis. Benötigte er von seinem außerirdischen »Vater« Energie für die Auferstehung, und ist dadurch womöglich der Abdruck auf dem Leinentuch entstanden? Auch andere Worte Jesu, in denen von Kraft die Rede ist, könnten demnach *Energie* bedeuten, wie: »Von nun an werdet ihr den Menschensohn sehen, sitzend zur Rechten der Kraft und kommend auf den Wolken des Himmels.« Also wird er kommen mit *Energie* aus den Wolken des Himmels. Oder auch: »Mir ist alle Gewalt (Kraft) gegeben im Himmel und auf Erden«, also alle *Energie* im Himmel und auf Erden. In diesem Sinn kann es auch »kosmische Energie« bedeuten.

Jesus wurde jedenfalls, wie die Evangelisten Matthäus (27,59), Markus (15,46) und Lukas (23,53) berichten, »in reine Leinwand gehüllt«. Johannes erwähnt »Leinenbinden, wie es bei den Juden Begräbnissitte ist« (19,40), die von Petrus im leeren Grab gefunden wurden, und auch das »Schweißtuch, das auf seinem Kopf gewesen war; aber es lag nicht bei den Binden, sondern für sich zusammengefaltet an einer besonderen Stelle«. Auch das Leinentuch von Turin wurde mehrmals gefaltet aufbewahrt. Vielleicht hat Petrus, der auch Simon hieß, im Jahre 64 den Märtyrertod starb, von der Kirche als Stellvertreter Christi auf Erden angesehen wurde und somit als erster Papst gilt, dieses Tuch an sich genommen und für die Nachwelt aufbewahrt. Einer seiner Jünger hat es vielleicht weitergegeben, und so ist es bis zum heutigen Tag erhalten geblieben.

Nun liegt es im Dom von San Giovanni in Turin und verblüfft die Fachwelt immer wieder aufs neue. Seit der Untersuchung von 1988 ist es wieder für einige Zeit aus dem Blick der Öffentlichkeit verschwunden; es soll angeblich restauriert werden. Vielleicht wird sich eines Tages endgültig herausstellen, daß es ein Zeugnis einer außerirdischen Erscheinung ist, die vor zweitausend Jahren vom Himmel, aus dem Weltall, zur Erde kam und die dorthin wieder »hinaufgenommen« wurde. Sollte sich das alles als richtig erweisen, dann kann diese Gestalt »nicht von dieser Welt«, nicht von dieser Erde gewesen sein, und tatsächlich scheint es jetzt im Weltall, auf einem unserer Nachbarplaneten, einen Hinweis darauf zu geben.

IX. Ein Antlitz Jesu auf dem Mars?
Die Botschaft auf unserem Nachbarplaneten

Die ersten Weltraumraketenversuche in Deutschland, Amerika, in der Sowjetunion, aber auch in anderen Ländern gipfelten im Jahre 1969 in der ersten bemannten Mondlandung. Ein Menschheitstraum wurde Wirklichkeit. Es zeigte sich, daß der Mensch fähig ist, den Weltraum zu durchqueren. Daraus resultierte zwangsläufig die Meinung, daß im großen Universum mit seinen zahlreichen Sonnen und Planeten auch andere Lebewesen fähig sein müßten, Weltraumfahrt zu betreiben. In der Folge führte dies zu der Ansicht, daß solche außerirdischen Lebewesen bereits von Stern zu Stern reisen – uns Menschen also weit überlegen sind. Wenn das der Fall ist, dann erscheint es nicht unwahrscheinlich, daß uns diese fernen Intelligenzen vielleicht sogar schon einmal – oder auch mehrmals – besucht haben. Zu einer Zeit, als es hier auf der Erde noch gar keine Menschen gab, oder aber auch, als bereits menschliche Kulturen existierten.

Diese Fragen regen zu weiteren Forschungen in dieser Richtung an. Felszeichnungen, archäologische Funde, mythologische und religiöse Schriften wurden untersucht, um Anhaltspunkte zu finden, ob uns einst fremde Lebewesen aus dem All besucht haben und ob eventuell irgendwo Hinweise darauf zu finden sind. Rätsel und geschichtliche Ungereimtheiten gibt es ja genug, doch der endgültige Beweis – ein zweifelsfrei außerirdischer Gegenstand, der nicht von der Erde stammen kann – scheint noch nicht erbracht zu sein. Die Fülle der archäologischen Funde läßt einen zwingenden Schluß in dieser Richtung noch nicht zu. Allzu vieles hier auf unserer Erde wurde im Laufe der Jahrtausende zerstört und verfälscht. Daher müssen wir in dieser Richtung auch auf unseren Nachbarplaneten suchen, wo noch keine Menschenhand tätig war.

Am 20. August 1975 startete ein Jahrhundertunternehmen

der Raumfahrt. Es sollte endlich Klarheit bringen über die jahrzehntelangen Spekulationen über Lebewesen auf unserem Nachbarplaneten Mars. Der Mars war ja schon immer ein fruchtbarer Boden für phantastische Vorstellungen. Durch seine sichtbare rote Färbung stand er in der Mythologie und in der Astrologie unter einem unheilvollen Zeichen, er war aber auch immer ein Symbol der Stärke, des Mutes und der Kraft.

Der Mars zeigt, auch von seiner astrophysikalischen und astrobiologischen Seite betrachtet, durchaus günstige Voraussetzungen für die Entstehung und Erhaltung gewisser Lebensformen. Er ist von der Sonne noch nicht allzu weit entfernt, er besitzt eine geringe Atmosphäre, und auch seine Größe spricht nicht unbedingt gegen ein Vorkommen von bestimmten Lebensformen. Außerdem sind schon von der amerikanischen Raumsonde Mariner 9 riesige Flußläufe entdeckt worden, in denen einstmals gigantische Wassermassen geflossen sein müssen.

So war dieser 20. August 1975 ein lang ersehnter Tag für die amerikanische Raumfahrt. Eine 635 Tonnen schwere Rakete startete in eine Erdumlaufbahn. Sie hatte eine 1,11 Tonnen schwere Sonde an Bord, die zum Mars fliegen und dort landen sollte. Außerdem enthielt dieser Apparat erstmals ein automatisches Biolabor, das endlich Aufschluß geben sollte über die legendären Marslebewesen. Das ganze Projekt lief unter der Bezeichnung *Viking*, und am 9. September 1975 sollte eine zweite Rakete starten. Diese hatte ebenfalls eine Sonde an Bord, die mit einem biologischen Landelabor ausgerüstet war, das auch auf dem Mars landen sollte. Durch die Entsendung zweier gleicher Sonden erhoffte man sich einen größeren Erfolg des Unternehmens.

Fast genau ein Jahr später, am 20. Juli 1976, erreichte die erste Sonde Viking 1 den Mars. Sie schwenkte in eine Umlaufbahn ein und begann den Planeten zu erkunden. Viking 1 fotografierte nochmals genau die ausgetrockneten Flußläufe, die Krater und auch riesige Vulkane. Der Mars hat offensichtlich eine aufregende Entstehungsgeschichte. Was war geschehen? Wo ist das Wasser dort geblieben, das einstmals den Planeten überflutete? Wo sind die Marsbewohner? All diese Fragen tauchten auf. Doch dann entdeckte die Raumsonde plötzlich ein eigenartiges Gebilde. Es war im Grunde gar nicht so eigenartig, es war vielmehr ein äußerst vertrautes Gebilde.

Dieser Tag, es war der 25. Juli 1976, sollte noch in die Marsgeschichte eingehen. Viking 1 war dem Planeten mittlerweile bis auf 1873 Kilometer nahe gekommen, und da war es plötzlich zu sehen: Ein riesiges, ebenmäßiges menschliches Gesicht blickte herausfordernd in den Marshimmel, als wolle es uns etwas mitteilen. Halb im Licht, halb im Schatten zeichneten sich Einzelheiten wie ein Auge, eine Nase und ein Mund ab. Diese waren von einer Art langem »Haar« umgeben, und auf der Stirn waren in einer Art Krone oder Kranz einige dunkle Punkte angeordnet. Inzwischen ist diese Struktur als das »Marsgesicht« in die populärwissenschaftliche Literatur eingegangen und weltweit veröffentlicht worden.

Schon am 15. Dezember 1976 hatte ich in einem NASA-Film – der damals vom österreichischen Fernsehen ausgestrahlt wurde – dieses Gebilde erstmals gesehen und war sofort davon beeindruckt. Ich interessierte mich damals schon für die Idee möglicher Kontakte mit Außerirdischen in der Vorzeit und hatte darüber auch einige Bücher gelesen. Ich sagte spontan zu meiner Frau: »Sieh dir das an. Das könnte der Beweis für diese ›Präastronauten‹ sein!« Um Fotos zu bekommen, schrieb ich an verschiedene Stellen der NASA. An die Firma Martin Marietta in Denver, Colorado, wo die Viking-Lander gebaut und getestet wurden; an das NASA-Space Flight Center in Huntsville, Alabama; und an das Jet Propulsion Laboratory (JPL) in Pasadena. Am 2. März 1978 erhielt ich vom JPL das erste Foto des Marsgesichtes, eine ausgezeichnete Aufnahme, auf der man die Details recht gut erkennen konnte und die mir später zu einer der merkwürdigsten Entdeckungen verhelfen sollte.

Ich besorgte mir weitere Daten über die genaue Lage dieses Gesichtes auf dem Mars. Die Mitteilung auf dem NASA-Foto war damals etwas zu ungenau. Die Größe dieser »Bergformation, die aussieht wie ein menschliches Gesicht«, wurde mit 1,5 Kilometern und einer englischen Meile, »one mile«, angegeben sowie ein Sonneneinfallswinkel von 20 Grad und die Lage »in der nördlichen Region des Mars«. Auf meine Anfragen teilte mir der Leiter des Presseinformationsbüros Don Bane die genauen Koordinaten von 40,89 Grad nördlicher Breite und 9,55 westlicher Länge mit. Dadurch war es mir möglich, dieses Gebilde 1978 in der *Cydonia*-Region auf dem Mars zu lokalisieren.

Daraufhin fertigte ich eine Zeichnung des Marsgesichts an, mit der genauen Lage, der Größe und einer hypothetischen Weiterführung der Gesichtsform auf der Schattenseite. Diese Zeichnung und ein Foto des Marsgesichts schickte ich an das amerikanische Hauptquartier der »Ancient Astronaut Society«, an den Gründer dieser Gesellschaft, den Rechtsanwalt Dr. Gene M. Phillips, nach Illinois. Am 22. Oktober 1978 bekam ich das Foto und die Zeichnung jedoch retour mit der Bemerkung: »Das ›Gesicht‹ ist tatsächlich faszinierend, doch nicht aussagekräftig genug für eine Veröffentlichung innerhalb unserer Gesellschaft.« Später wurde es dann doch veröffentlicht.

Vom JPL erhielt ich noch weitere Viking-Fotos, und es war mir möglich, genug Material zusammenzutragen für mein Buch »Wir, vom Mars«, das 1979 erschienen ist. Darin beschrieb ich die Möglichkeit, daß die ersten Menschen vom Mars kamen und daß es dort einstmals eine Marszivilisation gegeben haben könnte. Ein Exemplar schickte ich auch an Don Bane nach Pasadena, zur NASA.

In den folgenden Jahren veröffentlichte ich mehrere Zeitungsartikel zum Thema »Marsbewohner« und hielt in dieser Zeit auch Vorträge in Wien und einigen deutschen Städten. In der Illustrierten »Stern« las ich 1980 von zwei amerikanischen Computerspezialisten namens Vincent DiPietro und Gregory Molenaar, die das »Marsgesicht« untersuchten und davon Plakate und Dias verschickten. Die beiden Forscher waren angeblich der Meinung, daß einstmals Marsbewohner die alten Ägypter zum Pyramidenbau angeregt haben. Im selben Jahr veröffentlichten sie gemeinsam eine Broschüre mit dem Titel »Unusual Martian Surface Features« mit phantastischen Bildern des Marsgesichts. Die beiden Amerikaner präsentierten ihre Arbeit auch der Presse sowie bei einer Veranstaltung der »American Astronomical Society« in Baltimore, Maryland. Damals nahm ich leider keinen Kontakt zu den beiden auf, was sich später als Fehler herausstellte, denn deren Arbeit erwies sich als bahnbrechend.

Erst viel später erfuhr ich, daß schon mehrere englischsprachige Bücher über das Marsgesicht erschienen waren. Der amerikanische Optik-Experte Dr. Mark Carlotto von der »Analytical Science Corporation« (TASC) in Reading, Massachusetts, konnte dabei wohl eine der besten Arbeiten liefern. Er veröffentlichte 1992 auch ein Buch mit dem Titel »Martian Enigmas«, in dem phantastische 3-D-Aufnahmen von dieser seltsamen Struktur auf dem Mars zu sehen sind. Jahrelang hatte ich von diesen Büchern nichts gewußt, wofür unglückliche Umstände verantwortlich waren, nun konnte ich jedoch die wahre Geschichte der Entdeckung rekonstruieren, die ich in meinem Buch »Das Marsgesicht« ausführlich dargestellt habe.

Als im Juli 1976 die Marssonde Viking 1 das gesichtsähnliche Gebilde erstmals zur Erde, in das Kontrollzentrum des JPL in Pasadena, übertragen hatte, gab es dort erstaunte Ausrufe. Der Mitarbeiter Toby Owen sah dieses Gebilde vermutlich zum ersten Mal und rief überrascht: »Oh, mein Gott, ist das nicht sonderbar!« Sein Kollege Gerry Soffen meinte dazu: »Es ist schon erstaunlich, was das Spiel von Licht und Schatten möglich macht. Wenn wir ein paar Stunden später ein Foto davon machen, wird es bestimmt wieder weg sein. Es ist nur der besondere Lichteinfall!« Doch das »Gesicht« war nicht weg, wie wir heute wissen – ja, es zeigte sich in einer geradezu verblüffenden Deutlichkeit. Dies konnten die Leute vom JPL damals jedoch noch nicht wissen, und so wurde dieses Gebilde, das sich inzwischen zu der wohl interessantesten, aber auch umstrittensten Entdeckung durch die NASA-Viking-Sonden herausgestellt hat, zu den Akten gelegt und praktisch vergessen. Ich mußte es 1978 mühsam aus dem Archiv wieder heraussuchen lassen.

Erst im Jahre 1985 organisierte der amerikanische Wissenschaftspublizist Richard C. Hoagland mit Hilfe der Universität von Kalifornien in Berkeley ein Team aus vierzig Fachleuten, um das Marsgesicht und die weiteren seltsamen Marsstrukturen näher in Augenschein zu nehmen. Dem Team gehörten der Computerfachmann Vincent DiPietro, der Geologe William Beatty, der Plasmaphysiker Dr. John E. Brandenburg, Gene Cordell, der Physiker Lambert Dolphin, der Anthropologe Randolfo Rafael Pozos und Thomas D. Rautenberg an. Die Forschergruppe nannte sich »Independent Mars Investigation Team«.

Diese Gruppe kam nun zu folgenden Ergebnissen: Auf dem Mars existiert tatsächlich ein Gebilde, das einem menschlichen Gesicht verblüffend ähnlich sieht. Es entstand nicht durch das Spiel von Licht und Schatten. Es hat eine Art Haar, etwas wie eine Krone, einen Mund, eine Nase und sogar zwei Augen. In diesen Augen konnte Vincent DiPietro sogar Augäpfel und Pupillen erkennen. Dr. Mark Carlotto hat später sogar Zähne im geöffneten Mund des »Marsgesichts« festgestellt, was vom Team bestätigt wurde. Vom Marsgesicht gibt es zwei Viking-Aufnahmen, die zu unterschiedlichen Zeiten gemacht wurden. Die Aufnahme 35A72 mit dem langen Schatten, wo das Sonnenlicht aus einem Winkel von 10 Grad (nicht, wie ursprünglich angegeben, 20 Grad) auf das »Gesicht« fällt; und die Aufnahme 70A13 mit dem kurzen Schatten und einem Sonneneinfallswinkel von 27 Grad. Dr. Carlotto hat dazu von den Original-Datenbändern zwei ausgezeichnete Aufnahmen gemacht, aus denen hervorgeht, daß dieses Marsgesicht auch auf der Schattenseite vorhanden ist und sogar ein zweites Auge und einen zweiten Haaransatz hat. Das bekannte Stanford Research Institut in Kalifornien machte von diesen Datenbändern eine der besten Aufnahmen des Gesichts in der Cydonia-Region. Darauf ist eindeutig ein zweites Auge zu sehen und auch der Mund auf der ansonsten tief im Schatten liegenden Gesichtshälfte. Besonders diese Aufnahme widerlegt nun die bisherige Meinung, daß das Gesicht nur durch ein zufälliges Spiel von Licht und Schatten zustande kam. Es handelt sich dort also tatsächlich um eine eigenartige gesichtsförmige Felsstruktur, wie ich bereits 1977 vermutet hatte.

Aufgrund dieser Ergebnisse ließ ich weitere Untersuchungen anstellen. Schon unter dem Vergrößerungsglas konnte ich auf dem Foto so etwas wie einen Augapfel und Zähne erkennen. In dem Auge auf der sonnenbeschienenen Seite zeichnet sich ein größerer kreisrunder Teil ab, der als Augapfel angesehen werden kann, und im Mund sind zahnähnliche Schattierungen zu erkennen. Um aber diesen Dingen genauer auf den Grund gehen zu können und um zu sehen, ob sich aus dem Marsgesicht noch weitere Einzelheiten herausholen lassen, ließ ich im Juni 1987 eine unabhängige Computer-Analyse davon anfertigen.

Seit einigen Jahren gibt es die Möglichkeit, mit Hilfe sogenannter Scanner (das ist ein computergesteuertes Bildübertragungsgerät) Fotografien in zahlreiche Bildpunkte (pixels) zu übertragen – entsprechend den Schattierungen auf einem Foto. Dazu fertigt man zunächst ein sogenanntes Histogramm an, eine Aufteilung in verschiedene »Falschfarben«, weshalb dieses Verfahren auch Falschfarben-Analyse heißt. So lassen sich aus einer Aufnahme Einzelheiten herausholen, die mit dem bloßen Auge nicht oder nur schwer zu erkennen sind.

Ich übergab das bereits erwähnte NASA-Foto 35A72 einem Computerexperten am Institut für Photogrammetrie und Fernerkundung der Technischen Universität Wien. Das Bild wurde in den Computer übertragen und in zwölf Grauwerte von 0 bis 11 aufgeteilt, entsprechend den Farben Schwarz, Schwarzblau bis Hellgelb und Weiß. Nach einigen Tagen hatte ich das Ergebnis. Ich bekam zwei Großformat-Dias mit zwei verschiedenen Farbnuancen: eines mit stärkerem und eines mit schwächerem Kontrast. Aus beiden Aufnahmen kommt zunächst in dem einen Auge so etwas wie eine Pupille zum Vorschein. Die »Zähne« kommen aus beiden Aufnahmen nur undeutlich heraus. Auf dem kontrastschwächeren Bild sind aber Konturen der Schattenseite des Marsgesichts zu erkennen, die durchaus den Schluß zulassen, daß sich diese fortsetzt und vermutlich auch eine Vertiefung – entsprechend einem zweiten Auge – vorhanden ist. Ähnliches hat 1982 schon Vincent DiPietro getan; diese Untersuchung hat seine Forschungsergebnisse bestätigt.

Völlig überrascht war ich jedoch von dem Computerausdruck, der mir überreicht wurde, und rief spontan: »Das sieht ja aus wie der Christus-Kopf!« Die wahre Bedeutung ist mir aber erst auf dem Heimweg klargeworden. Ich erinnerte mich an einige präastronautische Publikationen, in denen Jesus Christus bereits als Astronaut angesehen wurde, und auch an einige ufologische Veröffentlichungen in dieser Richtung, die jetzt offensichtlich eine Bestätigung gefunden hatten.

Dann kam mir etwas anderes in den Sinn: das bekannte Turiner Grabtuch, in das der Leichnam Jesu eingewickelt worden sein soll. Und tatsächlich: Der Computerausdruck vom Marsgesicht hat eine verblüffende Ähnlichkeit mitdem Christus-Kopf auf dem berühmten Turiner Leinentuch! Es ist dasselbe »lange Haar« zu sehen, und sogar die drei Punkte an der Stirn des Marsgesichts stimmen mit den drei auffälligen Blutflecken an der Stirn des Gekreuzigten überein. Eine ungeheuerliche Entdeckung! Das Merkwürdige daran war jedoch, daß diese Ähnlichkeit erst durch die zufällige Umkehrung des NASA-Fotos, also eine spiegelverkehrte Betrachtung, deutlich wurde. Das Foto wurde rein zufällig seitenverkehrt in den Computer eingespeichert – mit dem langen Haaransatz auf der rechten Seite, wie das spiegelverkehrte Fotonegativ vom Turiner Tuch, das Guiseppe Enrie 1931 angefertigt hatte.

Ich war natürlich sehr erstaunt über dieses Ergebnis von 1987, doch wollte ich mich nicht allein darauf verlassen. Ich sah mir die Bilder vom Turiner Leinentuch nochmals genauer an und studierte auch eingehend die entsprechenden Publikationen. Dabei erfuhr ich, daß sich schon seit 1959 ein Institut in Turin, das »Centro Internazionale di Sindonologia« (Internationales Zentrum für Sindonologie, Sindonologie = Grabtuchforschung), mit diesem Tuch ausführlich wissenschaftlich beschäftigt. Die Gesellschaft veröffentlicht vierteljährlich auch eine Zeitschrift mit dem Titel »Sindon«, die über neue Forschungsergebnisse berichtet. In dieser Zeitschrift sah ich das Foto einer Computeranalyse vom Turiner Leinentuch, die Prof.

Giovanni Tamburelli vom »Centro Studi e Laboratori Telecomunicazioni« (CSELT) in Turin schon 1978 gemacht hatte. Es war eine phantastische 3-D-Aufnahme vom Gesicht des Mannes auf dem Leinentuch. Und als ich dieses Bild mit den 3-D-Aufnahmen Dr. Carlottos, angefertigt 1986 ebenfalls per Computer, verglich, war die Verblüffung perfekt. Nicht nur der Computerausdruck der Technischen Universität in Wien zeigte diese erstaunliche Ähnlichkeit, sondern auch die computerbearbeiteten 3-D-Aufnahmen zweier völlig unabhängiger Fachleute!

Ich muß dazu aber eines anmerken: Die »Punkte« an der Stirn des Marsgesichts, der allerersten Aufnahme mit der Nummer 35A72, sind eigentlich Übertragungsfehler zum Zeitpunkt der Aufnahme am 25. Juli 1976. Sie sind zwar in den Übermittlungsdaten vorhanden, doch sollten sie auf den Aufnahmen weiß und nicht schwarz sein. Es ist eine Art Rauschen, wie bei Funkstörungen. Dennoch ist merkwürdig, daß diese »Störungen« gerade auf diese Art eingetreten sind und daß dadurch erst der Vergleich mit dem Tuch deutlich gemacht werden konnte. Ich möchte nicht völlig ausschließen, daß diese Störungen von irgend jemandem bewußt hervorgerufen worden sein könnten, wenngleich das auch phantastisch klingt.

Dennoch habe ich mich weiter mit den Bildern beschäftigt und mir die »entstörten« Versionen angesehen. Und da kommen noch erstaunlichere Einzelheiten zutage. Das menschliche Gesicht in der Cydonia-Region des Mars, 1500 Meter im Durchmesser, hat zwei Augenhöhlen, einen langen und einen kurzen Haaransatz, eine Erhebung entsprechend der Nase, einen schmalen Mund (darin so etwas wie Zähne), auf einer Wange so etwas wie eine Träne, eine Art Kinnbart und auf der Stirn eigenartige Linien. Diese Linien sind auf allen guten Aufnahmen der Bilder 35A72 und 70A13 zu sehen! Es sind keine optischen Täuschungen! Warum aber sind Linien auf der Stirn eines menschlichen Gesichts auf dem Mars vorhanden? Sind es die Reste einer Holzkonstruktion, die eine Art Dornenkrone war, womit das Abbild des leidenden Christus deutlich gemacht werden sollte? In überdimensionaler Darstellung? Zugegeben, auch das klingt phantastisch.

Aber bei der Betrachtung der 3-D-Aufnahmen Prof. Tamburellis vom Christusgesicht auf dem Tuch ergeben sich die gleichen Details: ein langer und ein kurzer Haaransatz, ein schmaler Mund, eine Nasenerhebung, ein geteilter Kinnbart und eine Art Träne auf einer Wange. Die beiden Aufnahmen vom Mars und vom Tuch sind bis ins kleinste Detail auf erschreckende Weise identisch. Und mehr noch: Der lange Haaransatz des Marsgesichts erscheint wie dreigeteilt; dasselbe zeigt der lange Haaransatz des Gesichtes auf dem Tuch. Und das alles auch noch »spiegelverkehrt betrachtet«, so wie es Gregorios in seiner Festrede im Jahre 944 in Konstantinopel bereits erwähnt hat. Ich halte daher dieses Gebilde auf dem Mars für den möglichen Beweis, daß Jesus außerirdischer Herkunft war. Diese Entdeckung hat mich schließlich zu dem vorliegenden Buch angeregt. Auch in anderer Hinsicht haben sich Übereinstimmungen zwischen der Figur Jesus und dem Mars ergeben.

So könnten auch gewisse »Zeichen« auf dem Mars in dieser Richtung gedeutet werden. Als eine der ersten Aufnahmen der Marsoberfläche von der Raumsonde Viking 1 zur Erde übertragen wurde, gab es im Kontrollraum in Pasadena erstaunte Ausrufe. Nur einige Meter vom Landemodul von Viking 1 entfernt spiegelte sich auf einem Stein der Buchstabe »B« und auf einem anderen eine verkehrte »3«. Die NASA-Leute schrieben diese »Zeichen« scherzhaft den »Marsmännchen« zu, doch jetzt könnte sich ein Sinn daraus ergeben.

Das »B« könnte auf die Bibel hindeuten, entsprechend »Haltet euch an die Worte der Bibel« oder »Seht nach in der Bibel«. Die verkehrte »3« könnte mehrere Bedeutungen haben. Zum einen ist es der Buchstabe »E« im griechischen Alphabet, wie auch das »B« für »Bibel«. »E« könnte daher bedeuten »Evangelien« oder auch »Seht nach in den Evangelien«. Zum anderen ist es liegend dargestellt, wie etwa das lateinische »W«, das Omega, der letzte Buchstabe im griechischen Alphabet – und das Zeichen für das Neue Testament. Auch Jesus sagte: »Ich bin das Alpha und das Omega!«

Und das ist noch nicht alles! Sieht man sich das Gesicht auf dem Turiner Leinentuch an, dann ist, wie ich bereits erwähnt habe, an der Stirn eine Blutspur zu sehen, die im Original einer verkehrten »3« entspricht – wie die »Spiegelung« an dem Stein auf dem Mars! Sicherlich, vielleicht fällt diese Entdeckung in die übliche Sparte der »Zeichen« und »Wunder«, worauf ich später noch zurückkommen werde, doch war diese Marsaufnahme nicht irgendeine, sondern eine, die von den NASA-Leuten besonders vermerkt wurde – wenn auch die Zeichen als zufällige Lichtspiegelungen angesehen wurden.

Schon die amerikanischen Fachleute, die das Marsgesicht in der Cydonia-Region im Jahre 1985 mit Hilfe der Universität von Kalifornien eingehend untersuchten, stellten die Ähnlichkeit mit dem Gesicht auf dem Turiner Leinentuch fest. Erstmals dürfte das dem Physiker Lambert Dolphin aufgefallen sein, doch sind danach keine weiteren Untersuchungen gemacht worden. Auch Modellrekonstruktionen des Marsgesichts, die inzwischen von einigen Personen rund um den Globus angefertigt wurden, zeigten unbeabsichtigterweise diese Ähnlichkeit. Die Computeranalyse der Technischen Universität in Wien im Juni 1987 war jedoch der Auslöser dieser Entdeckung und zu meinen weiteren Forschungen in dieser Richtung. Vielleicht ist es ein »kosmisches Signal«, das *Zeichen des Menschensohnes*, wie es uns Jesus vorausgesagt hat.

X. Das himmlische Paradies
Der Weg zum »Tor des Lichts«

Wo lag einst das Paradies, dieses ferne Land, in dem die Menschen glücklich und zufrieden im Einklang mit der Natur lebten? Dieser Garten Eden, der den ersten Menschen alles bot, was sie zu einem friedfertigen und segensreichen Leben benötigten. Lag es in einem kleinen Land in Vorderasien oder sonstwo auf dieser Erde – oder müssen wir es woanders suchen, im Himmel, in den Sternen, auf einem fernen Planeten?

Durch alle Völkerschichten, durch all die Jahrtausende, durch Mythen und Legenden zieht sich die Vorstellung eines Paradieses, eines einstmals glückseligen Zustandes der Menschen. Die Sumerer kannten ein paradiesisches Land »Tilmun«, in dem ein erstes jungfräuliches Götterpaar lebte und das im Himmel, im Kosmos lag. Die Perser meinten, die Seelen der Gerechten gehen auf eine himmlische Reise zu den unendlichen Lichtern, wo sie Glückseligkeit genießen. Nach der indischen Mythologie kamen die Götter von der Höhe eines obersten Paradieses namens »Svar« und mußten hier auf der Erde eine Menge erleiden. Bei den Japanern lag das Paradies, das »reine Land«, ebenfalls im Himmel. Die chinesischen Überlieferungen berichten von einer »Hauptstadt des Himmelsherrn« mit wundersamem, paradiesischem Aussehen; der Weg dorthin führt durch das »Tor des Lichts« über einen »himmlischen Berg«, eine »himmlische Leiter« oder eine »himmlische Säule«. In den keltischen Mythen wird von einem Paradies namens »Tir nan-Og« (Land der Jugend) oder »Mag Mell« (Land der Freude) berichtet; dort ist das Altern aufgehoben, es herrscht ewige Jugend, und es liegt bei der »Kette des Lug«, der Milchstraße. Lug ist eine strahlende Himmelsmacht; »sein Gesicht strahlt so stark, daß kein Sterblicher seinen Anblick ertragen kann«. Der germanische Gott Baldr, Sohn Odins, bewohnt ein Haus, ein Paradies, das »Breidablik« heißt und im Himmel liegt. Es gibt dort nichts Unreines, und Baldr selbst »ist so schön von Angesicht und so strahlend, daß ein Leuchten von ihm ausgeht«. Auch die Maya kannten ein paradiesisches Land namens »Tonatiuhichan«, und selbstverständlich war auch dieses mit dem Himmel verbunden. So gibt es wohl keinen Zweifel darüber, daß in den Vorstellungen der Völker das Paradies, ein wundersames Reich, im Himmel lag. Demgegenüber lag ja die Hölle hier auf der Erde beziehungsweise in der Unterwelt, in den Urgewalten des Erdinnern.

Auch Jesus kannte das Paradies, sein Paradies. Als ihn am Kreuze einer der Verbrecher, die neben ihm gekreuzigt wurden, bat: »Herr, gedenke meiner, wenn du in dein Reich kommst«, erwiderte ihm Jesus: »Wahrlich, ich sage dir, heute noch wirst du mit mir im Paradiese sein« (Luk. 23,42–43). Daß auch Jesu Paradies im Himmel lag, geht aus mehreren Äußerungen hervor. So spricht er stets vom »Himmelreich« seines Vaters, auch vom »Thron Gottes«. Er spricht auch stets von seinem »himmlischen Vater«, der ihn gesandt hat: »Denn ich bin vom Himmel herabgekommen, nicht um meinen Willen zu tun, sondern den Willen dessen, der mich gesandt hat« (Joh. 6,38). Und Jesus wußte auch über seine himmlische Herkunft Bescheid, wenn er sagt: »Mein Reich ist nicht von dieser Welt« (Joh. 18,36). Und dann noch präziser: *»Ihr seid von unten, ich bin von oben, ihr seid von dieser Welt, ich bin nicht von dieser Welt«* (Joh. 8,23). Er kannte selbstverständlich auch das himmlische »Haus« seines Vaters, wo viele Wohnungen sind: »Im Hause meines Vaters sind viele Wohnungen. Wäre es nicht so, hätte ich es euch gesagt. Ich gehe, um euch Platz zu bereiten« (Joh. 14,2). Dorthin sollten ihm auch seine Jünger folgen, nachdem sie mit »Kraft aus der Höhe« (Luk. 24,49) ausgerüstet waren, denn Jesus sprach: »So bestimme ich euch das Reich, wie es mir mein Vater bestimmt hat« (Luk. 22,29).

In dieses Reich, in dieses himmlische Haus, führt eine »enge Pforte« (Matth. 7,13) oder ein »Tor des Lichts«, wie es auch bei anderen Völkern überliefert ist. Wie wir gesehen haben, ist auch dieses Tor eine himmlische Erscheinung. Es liegt dort, wo sich, quer über die Milchstraße, der Himmelsäquator und der

Das kosmische Tor, die himmlische Pforte, die ein Genius (Engel) für einen Verstorbenen öffnet. Durch diese Pforte führt auch der Weg zum Paradies, und daraus kam auch Jesus hervor. Zeichnung aus »Als die Götter Sterne waren«, Berlin 1898.

Tierkreis schneiden und wo diese scheinbar eine Öffnung, ein Tor, bilden. Entlang dem Himmelsäquator ziehen bekanntlich unsere Nachbarplaneten als Wandelsterne, da sie mit der Erde und der Sonne eine Himmelsebene bilden. Auch die Planetenkonstellation von Jupiter und Saturn im Jahre 7 v. Chr. bzw. 6 v. Chr. bildete sich am Himmelsäquator, und daran beteiligt war auch der Planet Mars. Der von Kepler berechnete »Stern von Bethlehem« war (wie wir schon gesehen haben) eine himmlische Zusammenkunft der Planeten Jupiter, Saturn und Mars, und diese lag am Himmelsäquator, an der Schwelle zum »Tor des Lichts«, dem Tor zum himmlischen Paradies. Auf dem Weg dorthin kommen wir also (in bestimmten Zeiten) auch am Planeten Mars vorbei. Ist also der Mars die Schwelle zum Paradies?

In alten Darstellungen ist das Paradies als Kreis, als kosmi-

Das Symbol für das Paradies in seinen verschiedensten Formen.

sches Tor mit einem Kreuz darin zu sehen. Offensichtlich soll das die himmlische Pforte, die kosmische Öffnung zu einem fernen Reich der Glückseligkeit darstellen. Auf dieser Pforte befindet sich meist das Kreuz als Symbol des kosmischen Lichterbaums, unserer Milchstraße. Dieses Symbol trugen später manche Herrscher als »Reichsapfel«, zum Beweis ihrer göttlichen Abkunft. Schon in einer Höhle in Zentralasien, in Karakhoto, befinden sich 18000 Jahre alte Wandzeichnungen, die das kreisförmige Symbol des Paradieses zeigen – in der Mitte ein großes »M«, den Anfangsbuchstaben des Wortes »Mars«.

Auf dem Mars befindet sich nicht nur dieses rätselhafte »Gesicht«, das so verblüffend dem Christus-Kopf auf dem Turiner Grabtuch ähnelt, es gibt dort auch noch merkwürdige ruinen- und pyramidenartige Strukturen, die an eine prähistorische Zivilisation denken lassen. Da gibt es etwa acht Kilometer westlich des Gesichts ein Gebilde, das einer sumerischen Zikkurat ähnlich sieht. Eine Art Pyramide, mit vier mauerähnlichen Seiten (von denen eine offenbar eingestürzt ist) und einem »Hohlraum« in der Mitte. Diese sumerisch-marsianische Pyramidenstruktur hat eine Grundkante von etwa 1000 Metern Länge. Noch weiter westlich befinden sich weitere pyramidenartige Gebilde ähnlicher Größe, und die ganze Gruppe wurde von amerikanischen Forschern »City« genannt. Eigentlich sieht dieses Gebilde eher einem Pentagon, einem Fünfeck, ähnlich. Etwa zehn Kilometer südlich ist auf den NASA-Fotos eine Struktur zu erkennen, die eine sehr verblüffende pyramidenförmige Seitenfläche aufweist. Ungefähr 12 Kilometer nordöstlich davon befindet sich dann das Marsgesicht.

Dies alles liegt im Gebiet *Cydonia* auf dem Mars, auf einer Fläche von etwa 500 Quadratkilometern, die einer mittleren Großstadt entspricht. Amerikanische Forscher haben festgestellt, daß dieses Gebiet vor Jahrtausenden an einem marsianischen See gelegen hat, ähnlich der Stadt Gizeh im alten Ägypten. Nicht nur daraus kann man schließen, daß Marsbewohner die Ägypter zum Pyramidenbau angeregt haben. Außerdem scheint vom Mittelpunkt der Pyramidengruppe aus eine Visierlinie zum Sonnenaufgang und Sonnenuntergang zu weisen. Diese Linie führt über das Gesicht zu einem mauerähnlichen Gebilde und über einen Krater in unmittelbarer Nähe. Das amerikanische »Independent Mars Investigation Team« unter Richard Hoagland hatte geometrische Berechnungen angestellt. Danach zeigt die Visierlinie an jene Stelle zum marsianischen Horizont, wo die Sonne vor 500000 Jahren aufgegangen ist. Es hat den Anschein, als lag dort einst eine alte Stadt, ähnlich jenen der Sumerer. Diese »Stadt« in der Cydonia-Region auf dem Mars könnte einst ein kulturelles marsianisches Zentrum gewesen sein, das vielleicht schon lange vor irgendeiner menschlichen Zivilisation existierte. Der Mars hatte dafür, wie wir durch die Auswertungen der Raumsonden wissen, nicht so ungünstige Voraussetzungen.

Es wurden auch riesige, bereits erloschene Vulkane entdeckt. Der größte unter ihnen, Olympus Mons, ist 25 Kilometer hoch, und sein Basisdurchmesser beträgt 600 Kilometer. Es gab auf dem Mars einst also rege Vulkantätigkeit, und das wäre auch eine Voraussetzung für die Entstehung von Lebewesen. Weiterhin fotografierten die amerikanischen Raumsonden gigantische Flußläufe, die heute allerdings ausgetrocknet sind. Dort müßten einst sintflutartige Wassermassen geflossen sein. Derzeit kann sich auf dem Mars aufgrund des niedrigen Luftdrucks und der niedrigen Temperaturen (von minus 130 bis zu plus 20 Grad Celsius) kein flüssiges Wasser halten, doch könnte es sich unter der Oberfläche des Planeten befinden. Tatsächlich gab es bereits Meldungen von unterirdischen Marsseen, und auf einem NASA-Foto ist in der Nähe des Vulkans Arsia Mons eine Wasserdampfwolke, eine Art Geysir zu erkennen. Schon seit langer Zeit sind die Marspole bekannt, die von gefrorenem Kohlendioxid bedeckt sind; diese dürften mit ziemlicher Sicherheit auch aus Wasser bestehen. Da die Pole im Marssommer teilweise abschmelzen und dabei in den wärmeren Gebieten Frostschichten übrigbleiben, kann es sich bei diesen Schichten nur um gefrorenes Wasser handeln. Kohlendioxid (CO_2) schmilzt nämlich bereits bei minus 125 Grad Celsius und gefrorenes Wasser bekanntlich erst bei 0 Grad Celsius.

Wo Wasser ist, müßte auch Leben sein, und tatsächlich fanden kürzlich amerikanische Wissenschaftler die ersten stichhaltigen Hinweise für Leben auf dem Mars. In einem Meteoriten, der vor 16 Millionen Jahren durch einen Meteoriteneinsturz aus dem Marsboden herausgeschleudert wurde und der nach einer langen Reise durch das Sonnensystem vor 13 000 Jahren auf die Erde fiel, haben sich nun Mikroorganismen nachweisen lassen. Die Meldung dieser sensationellen Entdeckung ging im August 1996 durch die internationale Presse, nicht zuletzt deshalb, weil durch dieses Ergebnis die Wahrscheinlichkeit außerirdischer Lebensformen wesentlich höher ist.

Der Meteorit, der ALH84001 genannt wurde (nach dem Fundort Allan Hills in der Antarktis und dem Fundjahr 1984), muß aus mehreren Gründen vom Mars stammen. Zum einen besteht er aus vulkanischem Material, er muß also von einem Planeten stammen, der noch in jüngerer Zeit vulkanisch aktiv war, und das trifft nur für den Mars zu. Darüber hinaus weisen Bahnberechnungen solcher Meteoriten auf den Mars hin. Laut diesen Untersuchungen müßte der besagte Meteorit von einem großen Einschlagkrater auf dem Mars stammen, und das könnten die Gebiete Sinus Sabaeus oder Hesperia Planum in der Nähe des Marsäquators sein. Des weiteren wurden in dem Meteorit Gase gefunden, die mit jenen übereinstimmen, die die Viking-Sonden auf dem Mars nachgewiesen hatten. Schließlich wurden im Meteorit fossilierte Strukturen entdeckt, die wie

Würmer aussehen. Sie ähneln jenen Mikroorganismen, die schon vor drei Milliarden Jahren auf der Erde existierten. Es ist durchaus möglich, daß noch weitere solcher Organismen auf dem Mars gefunden werden können, und vermutlich sogar noch wesentlich höher entwickelte.

Erwiesernmaßen sind bakterielle Organismen äußerst widerstandsfähig. Sie können Reisen durchs Weltall sehr lange unbeschadet überstehen, auf einem Planeten niedergehen und diesen sozusagen mit Leben »infizieren«. Diese Idee der »Panspermie« hat 1907 bereits der Schwede Svante Arrhenius postuliert, und sie wird mittlerweile auch von namhaften Wissenschaftlern wie dem Nobelpreisträger Sir Francis Crick vertreten. In ihrem Buch »Evolution aus dem All« meinen die beiden Astronomen Fred Hoyle und Chandra Wickramasinghe: »Wenn die Urzeugung unmöglich war, wie Louis Pasteur vor der Französischen Akademie behauptet hatte, dann konnte es sie nicht geben. Jede Generation eines jeden Lebewesens mußte von einer vorausgegangenen Generation abstammen – bis zurück in eine Zeit, in der die Erde noch gar nicht existierte. Folglich mußte das Leben von außen auf die Erde gekommen sein, aus irgendeiner früheren Existenz irgendwo anders im Universum.«

Aber es muß sich auf dem Mars oder auf einem anderen Planeten im Universum ja nicht um Leben herkömmlicher Vorstellungen handeln. Das Leben hier auf der Erde ist durch zahlreiche Kohlenstoffverbindungen zustande gekommen. Ohne Kohlenstoff gibt es kein Leben – zumindest kein Leben, wie wir es kennen. Was wäre aber, wenn Leben sich auf Silizium aufbauen würde, wie Hoyle und Wickramasinghe andeuten und wie das auch schon von anderen Wissenschaftlern angenommen wurde? Dann gäbe es Siliziumzucker, Siliziumnukleinsäuren, Siliziumproteine usw. Der Haken daran ist aber, daß Silizium offenbar nicht so komplex wie Kohlenstoff ist – wenn man von chemischen Verbindungen ausgeht. Denken wir aber an eine ganz andere Möglichkeit, an die Elektronik, dann ist Silizium ein ausgezeichnetes Element zur Entwicklung komplexer Strukturen. »Was wäre nun, wenn unser Schöpfer ein hochkomplizierter Siliziumchip wäre?« fragen Hoyle und Wickramasinghe. Würde ein Schöpferwesen ein Leben auf Kohlenstoffbasis herstellen wollen, wäre dies nicht möglich ohne gigantischen Rechenaufwand. »Die Spezifikationen für die Blaupausen aller Enzyme und noch vieler anderer wichtiger biochemischer Substanzen ließen sich zwar in einem einzigen Band der Encyclopaedia Britannica unterbringen, aber diesen einen Band rechnerisch von den anderen 10^{40000} Bänden mit falschen Spezifikationen zu unterscheiden, wäre eine Aufgabe, die alles menschenmögliche Können überstiege. Die dazu erforderlichen Rechnungen ließen sich eigentlich nur mit Hilfe des Siliziumchips erledigen. Für ein Leben der Tätigkeit, der Bewegung, der Aktivität ist der Kohlenstoff als Basis am besten geeignet, aber zum schnellen Rechnen und vielleicht auch zum Denken wäre eine Lebensform auf der Grundlage von Silizium der unseren weit überlegen«, schreiben Hoyle und Wickramasinghe.

Nun besteht die Marsmaterie zu 15 bis 30 Prozent aus Silizium und zu 12 bis 16 Prozent aus Eisen. Zweifelsohne wären auf dem Mars dadurch auch wichtige Rohstoffe für die irdische Industrie vorhanden – oder auch für künftige Marskolonien. Könnte es also sein, daß auf dem Mars ein ganz anderes Leben existiert oder einstmals existiert hat, das von den Viking-Sonden nicht registriert werden konnte, weil die Experimente nur auf Reaktionen von Kohlenstoffverbindungen ausgelegt waren?

Dabei ist folgendes bemerkenswert: Im Turiner Grabtuch, und zwar nur an den Stellen, wo angeblich der Körper Christi lag, wurden Spuren von Eisenoxid gefunden – in den Farben von Gelb bis Rot. Die Marsmaterie und demnach auch die Marsoberfläche besteht zu großen Teilen aus Eisen und Eisenoxid, und daher zeigt die Oberfläche eine gelbliche bis rötliche Färbung. War das Turiner Grabtuch oder vielmehr der Körper, der in dieses Tuch gelegt wurde, einstmals der Marsatmosphäre ausgesetzt?

Wir finden auf dem Mars aber nicht nur diese Gebilde in der Cydonia-Region, sondern auch noch andere Strukturen, z. B. in der südpolaren Region. Dort ist eine Formation rechteckiger

Gebilde von der Raumsonde Mariner 9 fotografiert worden, die in ihrer Anordnung den Mauern der Inkas gleicht. Tatsächlich wurde diese Struktur deshalb von NASA-Geologen bereits im Jahre 1977 »Inca City« genannt.

Auch in anderen Gegenden des Mars befinden sich pyramiden- und ruinenartige Gebilde, z. B. im Marscanyon Vallis Marineris und in der Region Elysium. Elysium ist bekanntlich die griechische Bezeichnung für das Land der Seligen. Dr. John Brandenburg entdeckte auf NASA-Aufnahmen noch weitere Marsgesichter. Sie befinden sich im Gebiet *Utopia,* und eines davon ist dem in *Cydonia* sehr ähnlich. Angeblich soll es sogar zwölf solcher Gesichter auf dem Mars geben. Hier denkt man unwillkürlich an die Äußerung Jesu zu seinen Jüngern: »So bestimme ich euch das Reich.« Sind die zwölf Apostel Jesus gefolgt, nachdem sie mit »Kraft (Energie) aus der Höhe« ausgestattet wurden? Und sind vielleicht gar diese zwölf Gefolgsleute Jesu auf dem Mars verewigt?

Tatsächlich waren es nach Jesu Auferstehung nur mehr elf Apostel, denn nachdem Judas Jesus verraten hatte, »ging er hin und erhängte sich«, wie Matthäus (26,5) zu berichten weiß. Damit bleiben elf Apostel übrig, entsprechend den elf Marsgesichtern, denn das ursprüngliche zeigt ja Jesus selbst. Es muß nicht sein, daß der Mars die Endstation für die Apostel Jesu war, auch nicht für Jesus selbst. Vielleicht war unser Nachbarplanet nur eine Zwischenstation zum himmlischen Paradies, und dies scheint auch am wahrscheinlichsten zu sein. Der Mars liegt uns als Planet aber besonders nahe und erfüllt auch die besten Voraussetzungen für eine außerirdische menschliche Kolonie. Er ist auch sehr geeignet für einen Hinweis auf einstige Besucher aus dem Kosmos. Darauf habe ich bereits in meinem Buch »Wir, vom Mars« hingewiesen. Auf dem Mars könnten künstliche Gebilde Jahrtausende fast unbeschadet überstehen. Erst wenn die Menschen reif genug sind – oder zumindest auf dem Weg dorthin –, sollten sie diese Hinweise finden. Erstaunlicherweise finden sich nun aber auf dem Mars anscheinend gerade solche Hinweise, die auf Jesus Christus und auf die Bibel hinweisen.

Da ist die Bezeichnung *Cydonia* für ein Gebiet, in dem ein Gesicht entdeckt wurde, das eine verblüffende Ähnlichkeit mit dem Christusgesicht auf dem Turiner Leinentuch hat. Dieses Leinentuch wird auch als »Santa Sindone« (lateinisch »Heiliges Leinen«) bezeichnet, auf französisch heißt das »Sydoines«, wie den Berichten zu entnehmen ist. Diese drei Wörter *Cydonia, Sindone* und *Sydoines* ergeben eine phonetische Ähnlichkeit. Unmittelbar neben dem Gebiet *Cydonia*, und zwar genau südlich davon, liegt das Gebiet *Deuteronilus*, wo auch pyramidenartige Strukturen gefunden wurden. Diese Bezeichnung ergibt eigenartigerweise wieder eine Ähnlichkeit mit der griechischen Bezeichnung des fünften Buches Mose, nämlich *Deuteronomium*, was soviel wie »Wiederholung der Gesetze« bedeutet. Wir wissen nun, daß Moses offenbar auf irgendeine Weise mit Jesus Kontakt hatte. In den Evangelien des Matthäus, Markus und Lukas wird dieser Kontakt als »Verklärung« geschildert. Des weiteren ergibt diese Bezeichnung eine Ähnlichkeit mit dem griechischen Wort für schweren Wasserstoff, nämlich *Deuterium*. Das Deuterium ist ein schweres Isotop des Wasserstoffs, der verantwortlich ist für die Entstehung alles Seins und Werdens; Wasserstoff ist die Ursubstanz des Kosmos, die Grundlage für die Entstehung der Planeten, der Sterne und des großen Universums. Der Atomkern des Deuteriums heißt *Deuteron*, und mit sehr schnellen Deuteronen (Deuteronenstrahlen) können Atomumwandlungen durchgeführt werden, wie das derzeit bei den Versuchsreihen für künftige Kernfusions-Reaktoren angewendet wird. Deuterium war also ein wichtiger Faktor bei der Entstehung des Lebens, am Beginn der Schöpfung.

Sollten diese Gebilde auf dem Mars und die Zusammenhänge mit biblischen Quellen, mit Elementen aus der kosmischen Schöpfung, einen Hinweis oder eine Botschaft auf den Ursprung unseres Daseins, auf unsere oder unseren universalen Schöpfer darstellen, dann könnte auch das nächste Gebiet von Bedeutung sein. In der nördlichen Region befindet sich also das Gebiet *Cydonia*, wo anscheinend eine prähistorische Stadt lag, die einst ein kulturelles marsianisches Zentrum beher-

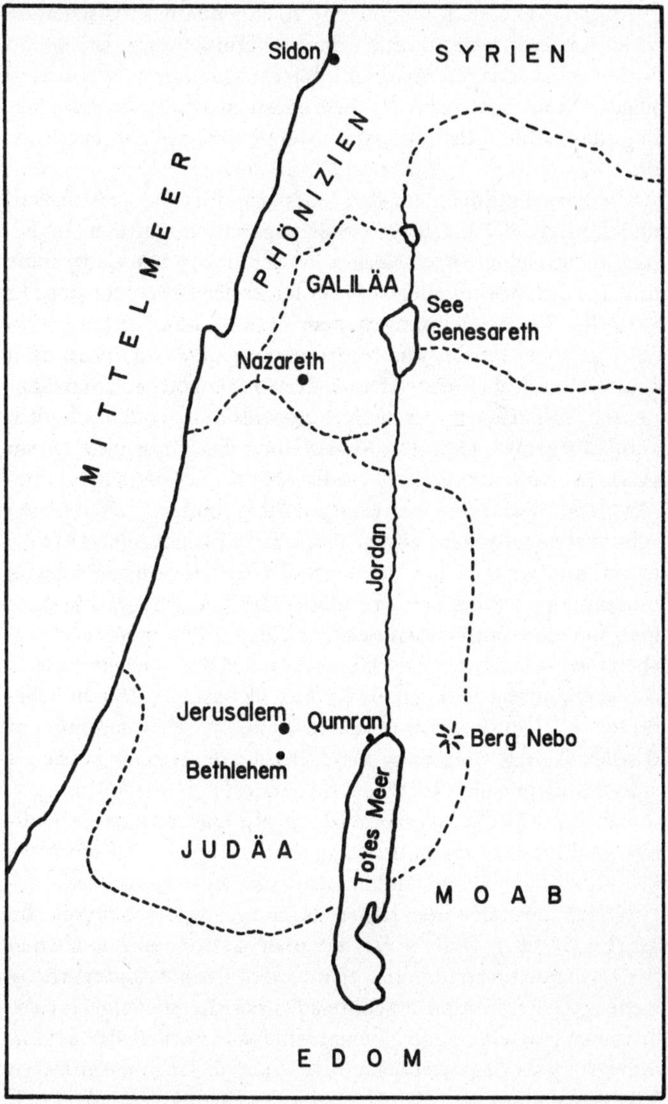
Sidon
SYRIEN
MITTELMEER
PHÖNIZIEN
GALILÄA
See
Genesareth
Nazareth
Jordan
Jerusalem
Qumran
Berg Nebo
Bethlehem
Totes Meer
JUDÄA
MOAB
EDOM

bergte, das vielleicht schon lange vor irgendeiner irdischen Zivilisation existierte. Südlich davon befindet sich das Gebiet *Deuteronilus*, das offenbar auf biblische Quellen hinweist. Und wieder in unmittelbarer Nachbarschaft, noch etwas südlicher, liegt das Gebiet *Eden*; das ist der Name für das biblische Paradies.

Die Bezeichnungen auf den Marskarten wurden erstmals in den Jahren 1877 bis 1879 von Schiaparelli eingeführt. Er benannte die Gebiete nach Namen aus der klassischen Geographie und aus der Mythologie, wobei er folgendermaßen vorging: Er verteilte die Bezeichnungen dem Marsäquator entlang, und zwar so, wie der sagenhafte »Sonnenwagen« von Osten nach Westen lief. Dabei reiste Helios, der Sonnengott, aus dem Sonnensee (Solis Lacus), der auch »Auge des Mars« genannt wird, zum Morgenrot (Aurorae Sinus) über den Indischen Ozean (Mare Erythraeum), zu den Ländern Hinterindiens (Chryse, Argyre) und Vorderindiens (Margaritifer Sinus), nach Arabien (Thymiamata, Sabaeus Sinus), Nordafrika (Aeria, Syrtes Major, Lybia) und weiter nach Südeuropa (Hellas, Ausonia, Eridania) und zu den »Säulen des Herkules« (Elysium, Atlantis, Amazonis), um dann im Westen wieder in den Sonnensee einzutauchen. Dabei bedeuten die Haupttypen der Marsgebiete »mare« = Meer, »lacus« = See, »palus« = Sumpf, »sinus« = Bucht, »fretum« = Landenge, »promontorium = Kap, »fons« = Quelle/Beginn, »regie« = Landschaft, »depressio« = Niederung und »insula« = Insel.

Der französische Astronom E. M. Antoniadi trug in den Jahren 1909 bis 1924 wesentlich zur Karthographierung des Mars bei. Ihm ist es zu verdanken, daß die scharfen Umrisse der »Marskanäle« aus den früheren Karten verschwanden. Im Jahre 1958 fertigte die »Internationale Astronomische Union« (IAU) genaue Karten und Bezeichnungen der »veränderlichen« Nebengebiete an, und im Jahre 1973 wurde auf dem 15. Kongreß der IAU eine neue Nomenklatur (Gesamtheit der Benennungen) festgelegt, wobei einige Gebiete nach besonderen Albedophänomenen (Lichtreflexionen) und andere nach verstorbenen Naturwissenschaftlern, Astronomen, Physikern,

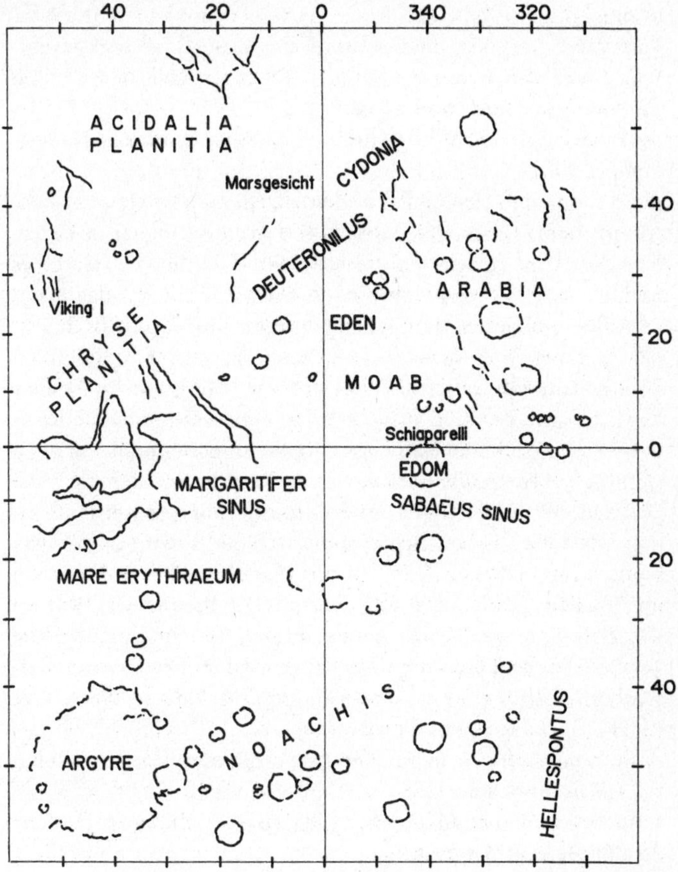
40
20
0
340
320
ACIDALIA
PLANITIA
Marsgesicht
CYDONIA
DEUTERONILUS
ARABIA
Viking I
CHRYSE
PLANITIA
EDEN
MOAB
Schiaparelli
EDOM
MARGARITIFER
SINUS
SABAEUS SINUS
MARE ERYTHRAEUM
NOACHIS
ARGYRE
HELLESPONTUS

Geologen, Biologen, Schriftstellern, Malern und Seefahrern benannt wurden. Im weiteren wurden verschiedene topographische Formationen, mit »planitia« = Ebene, »chasma« = Canyon und »mons« = Berg bezeichnet.

Daraus ergibt sich der Grund, weshalb wir biblische Namen, entsprechend den biblischen Ländern, in unmittelbarer Nähe des Marsgebietes »Arabia« finden. »Cydonia« ist ein alter poetischer Name für die Insel Kreta. »Deuteronilus« war im Altertum der Name für ein Teilstück des Nils. Südlich des Gebietes »Eden« liegt »Moab« und noch etwas südlicher das Land »Edom«, wobei der dazugehörige Krater »Schiaparelli« heißt. Wir verdanken diese Namen auf dem Mars also hauptsächlich dem berühmten italienischen Astronom. Merkwürdig ist aber der Umstand, daß sich ausgerechnet in diesen Gebieten oder in deren unmittelbarer Nähe die ruinen- und pyramidenartigen Gebilde befinden, die noch dazu mit Christus und demnach mit biblischen Schilderungen in Verbindung gebracht werden können. In südwestlicher Richtung des Gebiets »Eden«, zum Marsäquator hin, liegt »Chryse Planitia«, das »Land des Goldes«, wo im Jahre 1976 auf 22,27 Grad nördlicher Breite und 48 Grad westlicher Länge die Marssonde Viking 1 landete und wo die Zeichen »E« und »w« (= Omega) auftauchten. Noch weiter südwestlich davon, auf etwa 15 Grad Süd und 70 Grad West, liegt sogar ein Land namens »Sinai«.

Im fünften Buch Mose, im Deuteronomium, steht in den Wiederholungen der Gesetze, Kapitel 4, Vers 9: »Auf jeden Fall hüte dich und nimm dich sehr in acht, daß du die Dinge, welche du mit eigenen Augen gesehen hast, nicht vergißt und sie dir zeit deines Lebens nie aus dem Sinne kommen.« Das sagte Moses nach der Begegnung mit der »Herrlichkeit des Herrn« am irdischen Berg Sinai, als er die Gesetze, die »10 Gebote«, empfangen hatte.

XI. Heilige Orte

Kultstätten auf zwei Planeten

Es gibt auf der Erde eine Reihe von »heiligen Orten«, die schon in vorchristlicher Zeit existierten. Sie wurden nach bestimmten Gesetzmäßigkeiten errichtet. Die Plätze liegen an mathematisch ausgeklügelten Punkten der Erde, aber auch an Stellen, wo bestimmte Ereignisse stattgefunden haben. Sie stehen in Beziehung zur Erde selbst, aber auch zu den Planeten, zur Sonne und zum Mond – in manchen Fällen auch zu bestimmten Sternen. Sie bestätigen die Beziehung des Menschen zu himmlischen Phänomenen, zu den Vorgängen im Universum. Pyramiden, Tempel, Steinsäulen wurden in Beziehung zum Kosmos errichtet.

Im Jahre 1960 veröffentlichten russische Forscher ihre Theorie, wonach die Erde einst ein riesiger Kristall war. Sie begründeten dies aufgrund einer Aussage des griechischen Philosophen Sokrates (469 bis 399 v. Chr.), die Erde sehe von oben aus »wie ein Ball, der aus zwölf Lederstücken genäht wurde«. Die Forscher überzogen darauf den Globus mit einem riesigen Netz aus Fünfecken, an deren Schnittpunkten sich geschichtlich bedeutsame Plätze befinden. Dies sei der Beweis, »daß die Erde theoretisch seit ihrem Entstehen einem komplizierten Plan kosmischer Energie unterliegen könnte«. Der geometrische Aufbau ist nach Ansicht der Wissenschaftler durch die Standorte uralter Zivilisationen gekennzeichnet.

Der bekannte Steinkreis Stonehenge in Südengland ist exakt nach astronomischen Gesichtspunkten ausgerichtet. Riesige, tonnenschwere Monolithen wurden zu einem gigantischen »Steincomputer« angeordnet, mit dem man die Sonnenwende, die Mondphasen und die Positionen der Sterne bestimmen konnte. Das Alter wurde auf 3000 bis 5500 Jahre geschätzt. Der Altertumsforscher Reverend William Stukeley war schon im Jahre 1740 der Ansicht, daß dieses Steinmonument ein Denkmal für die um 460 v. Chr. lebenden Druiden, die älteste Priesterschaft, sei. Auch Julius Caesar (100 bis 44 v. Chr.) vermerkte, daß die Priestergemeinde der Druiden viele Verse auswendig lernen mußte, um das Wissen auf dieser Basis geheimzuhalten und nur Eingeweihten weiterzugeben. Prof. Richard Atkins von der Universität Cardiff in Wales ist ebenfalls dieser Ansicht. Das Wissen muß von Mund zu Mund in der Form von Heldengedichten überliefert worden sein.

Der Altertumsforscher John Michell hat das »Jerusalemer Quadrat«, das auch den sechszackigen Davidstern (Marsstern) enthält, mit dem äußeren Kreis von Stonehenge verglichen: beide haben den gleichen Umfang. Das Quadrat umschließt in dieser Größenordnung den Kreis der inneren Sandsteine. Für Michell ist Stonehenge ein »kosmischer Tempel«. Der Physiker Dr. Wolfgang Feix sieht in der Anordnung der Steine eine Verbindung zum Asteroidengürtel zwischen Mars und Jupiter. Die 5 Trilithentore symbolisieren fünfmal das irdische Jahr von 365,24 Tagen (was die Stonehenge-Leute in ihrer Anlage bestimmen konnten), also auch eine fünfmal so lange Sonnenumlaufzeit, und das weist auf ein Objekt im Asteroidengürtel hin. Dort könnte sich ein uns unbekannter künstlicher Himmelskörper befinden.

Im Jahre 1870 stellte der britische Archäologe William Henry Black seine Theorie der »Großen Geometrischen Linien« auf, die durch Länder und Kontinente führen, auf denen sich die alten heiligen Stätten befinden. Im Jahre 1909 entdeckte Sir Norman Lockyer, daß der Scheitelpunkt von Stonehenge, wo der Sonnenaufgang am 1. Mai anvisiert wurde, exakt über bestimmten Orten zu liegen kommt, wo sich alte Kirchen befinden, die den Heiligen Michael und Georg (die mit dem Mars in Verbindung gebracht werden können: Schwert, Drachentöter etc.) geweiht waren. Die ersten christlichen Missionare hatten den Auftrag, die heidnischen Stätten nicht zu vernichten, sondern sie in ihre Kirchenbauten einzubeziehen. Avebury z. B., das ursprünglich größer und ausgedehnter war als Stonehenge, liegt fast im Mittelpunkt dieser Linie am 1. Mai. Glastonbury, dessen Hügel wie ein dreidimensionales Labyrinth

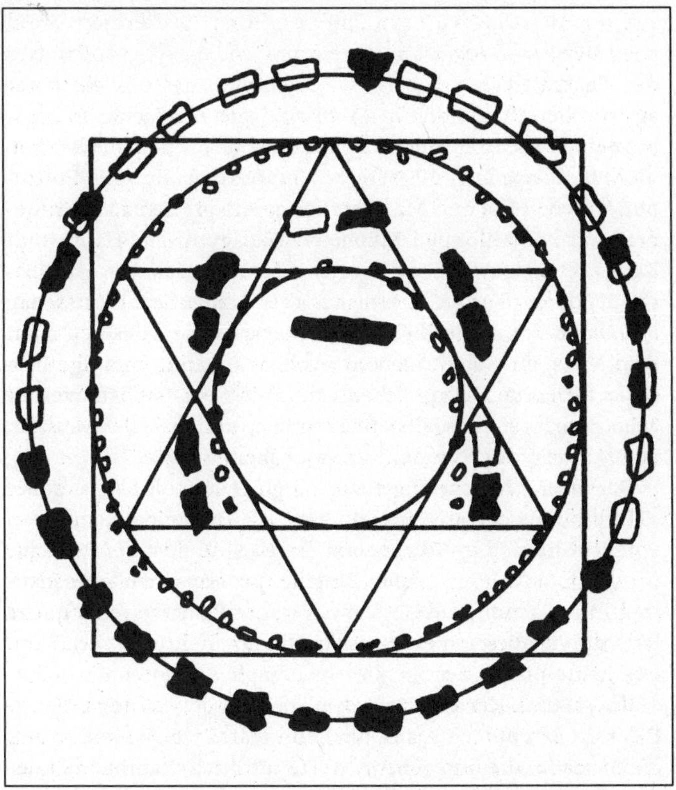

Das Jerusalem-Quadrat im Steinkreis von Stonehenge nach John Michell.

angelegt wurden, liegt ebenfalls genau auf dieser Linie mit den Plätzen bedeutender Kirchen.

Wissenschaftler haben festgestellt, daß die Erbauer von Stonehenge mit den Ägyptern in Verbindung standen. In meinem Buch »Wir, vom Mars« habe ich bereits dargestellt, daß es auf dem Mars eine auffällige Gruppe von Vulkankegeln gibt, die Pavonis Mons, Ascraeus Mons und Arsia Mons genannt wurden. Diese sind genau nach Nordost/Südwest ausgerichtet. Erstaunlicherweise sind auch die drei großen Pyramiden in Gizeh, die des Cheops, des Chefren und des Mykerinos, exakt nach Nordost/Südwest ausgerichtet – wie die Marsvulkane in der Tharsis-Region. Über die Errichtung und das Alter der ägyptischen Pyramiden in Gizeh sind sich die Fachleute nicht ganz einig. Die Höhe der Cheops-Pyramide mit 149 Metern und die Seitenlänge mit 230 Metern, könnten den mittleren Entfernungen von Erde und Mars zur Sonne entsprechen: 149 Millionen und 227 Millionen Kilometer. Die ägyptische Hauptstadt Kairo (das bedeutet »Die Siegreiche«) wurde nach dem Mars benannt, denn »Kairo« kommt aus dem arabischen Wortstamm »Al Qahira«, und das heißt »Mars«. Deshalb gibt es heute auf dem Mars ein Gebiet namens »Vallis Al Qahira«. Einige Forscher haben den ägyptischen Gott Osiris mit Christus verglichen. Osiris ist ebenfalls auferstanden, und er soll Mystikern zufolge die große Pyramide erbaut haben.

Der amerikanische Ingenieur Hugh Harleston hat im Jahre 1972 ein »mathematisches Modell« des Pyramidenkomplexes von Teotihuacan in Mexiko erstellt. Harleston ist der Ansicht, die gesamte Anlage stehe in Beziehung zu unserem Sonnensystem. Die Bahnen und Entfernungen der Planeten seien in der Anordnung dieser mexikanischen Pyramidenstadt enthalten. Der Mittelpunkt der zu diesem Komplex gehörenden »Zitadelle« sei nach Harleston mit dem Standort der Sonne zu identifizieren. Er entdeckte anschließend markante Punkte an der Totenstraße, die ihm genaue Werte für die Umlaufbahnen der verschiedenen Planeten verschafften. Er ging von der genauen Mittellinie der Quetzalcoatl-Pyramide aus und wies der Umlaufbahn der Erde den willkürlichen Wert von 96 Hunabs zu. Die inneren Planeten Merkur, Venus und Mars hatten nun die korrekten Bahnwerte von 36, 72 und 144 Einheiten. Eigentlich dürfte die gesamte Anlage marsbezogen angelegt worden sein: Alle Werte sind nämlich in dem Bahnwert 144 für Mars enthalten (144 : 2 = 72 : 2 = 36 : 2 = 18).

Der Wissenschaftspublizist Richard C. Hoagland hat ab 1983 die Gebilde in der Cydonia-Region anhand der NASA-Aufnahmen näher untersucht und vermessen. Nach Hoagland besitzt die »Pyramidenstadt« einen Mittelpunkt, der sich exakt innerhalb von vier kleinen Erhebungen befindet. Von diesem Zentrum aus soll eine gedachte Linie über das Marsgesicht, zu einem quer liegenden mauerartigen Gebilde und über einen Krater exakt in Richtung zur Sommersonnenwende vor 500 000 Jahren weisen. Etwas tiefer von dieser gedachten Linie soll parallel dazu damals auch die Wintersonnenwende bestimmt worden sein. Nach genauen Messungen steht für Hoagland fest, daß dieser gesamte Komplex auf intelligente Weise gestaltet wurde.

In seinem Buch »The Monuments of Mars« von 1987 geht Hoagland ausführlich darauf ein. Seiner Meinung nach hat sich die Marsachse in den letzten 500 000 Jahren um 23,5 Grad verschoben. Das ist nach Hoagland die Abweichung von der derzeitigen Äquatorlinie in der Cydonia-Region. Davon ausgehend liegt das Marsgesicht mit der »Kinnlinie« genau unter einem Winkel von 21,5 Grad verschoben zum heutigen Äquator und bis zum »Scheitel« auf 27,5 Grad – also innerhalb eines Spielraums von 6 Grad.

Dr. Harold Masursky vom USGS in Flaggstaff, Arizona, ist der Meinung, daß der Mars im Laufe der Geschichte seine Achse um etwa 25 Grad verschoben hat – und zwar innerhalb einer Differenz von plus bis minus 10 Grad, was eine mögliche Verschiebung zwischen 15 und 35 Grad ergibt. In den Jahren 1973 bis 1981 hatte Dr. William Ward in verschiedenen Publikationen bekanntgegeben, daß allein der Mars in unserem Sonnensystem seine Achse um etwa 24 Grad verschieben kann, wobei ein Spielraum von plus bis minus 12 Grad berücksichtigt werden müsse.

Eine gedachte Linie vom Zentrum der »Pyramidenstadt«, das nach Hoagland mit vier Markierungen versehen ist, über das Marsgesicht zu dem mauerähnlichen Gebilde soll vor 500 000 Jahren also genau nach Osten zum Sonnenaufgang geführt haben. Der Amerikaner Daniel Drasin, der eng mit Hoagland zusammenarbeitete, konnte feststellen, daß die beiden Endpunkte dieser »Pyramidenstadt« im Westen und im Osten mit dem Zentrum zwei Einheiten bilden. Dieses Maß, diese zwei Einheiten, also die gesamte Breite der »Stadt«, ergibt exakt die Entfernung in östlicher Richtung zum östlichen Rand des Marsgesichts, und diese doppelte Entfernung führt genau zum östlichen Rand des Visierfelsens. Daraus ergeben sich die Zahlenwerte 0 bis 8 und 9.

Mir ist dabei aufgefallen, daß die senkrechte Mittellinie des Marsgesichts genau parallel zu der östlichen Seitenfläche einer weiter südlich liegenden »Pyramide« steht. Diese von DiPietro und Molenaar entdeckte Pyramidenstruktur weist fünf regelmäßig angeordnete Grundkanten auf. Die senkrechte Mittellinie stimmt überein mit der heutigen Nord/Süd-Richtung, die von der vor etwa 500 000 Jahren existierenden Nord/Süd-Richtung um 27 Grad abweicht.

Meine Messungen ergeben also, vom Zentrum der »Stadt« durch den »Mund des Marsgesichts und über den »Felsen«, eine Sonnenvisierlinie, die um 27 Grad von der heutigen Äquatorlinie in der Cydonia-Region verschoben ist. Das ist durchaus noch im Rahmen der von Masursky und Ward angenommenen Achsenneigung des Mars. Diese Visierlinie führt außerdem noch ziemlich exakt über eine kleine dreieckige pyramidenförmige Erhebung am östlichen Rand des Kraters nach dem mauerähnlichen Gebilde – das könnte der wahre Zielpunkt sein. Der Winkel von 27 Grad ist mehrmals in der südlichen »Pyramide« (54 : 2 = 27) enthalten. Die Nordrichtung dieser Struktur, von der Spitze ausgehend, bildet zweimal einen Winkel von 27 Grad zu einer kleinen »Pyramide« im »Stadtzentrum«. Natürlich bildet daraus resultierend die vertikale Achsenverschiebung des Marsgesichts selbst einen Winkel von 27 Grad zur heutigen Nordrichtung.

Die südliche Ecke dieser »Pyramide« liegt annähernd auf einer Senkrechten entlang dem östlichen Teil der »Stadt«. Von diesem Endpunkt aus führt ein Winkel von zweimal 36 Grad, also 72 Grad, vom westlichen Rand der »Stadt« zum östlichen Rand des Marsgesichts. Dieser Endpunkt, also die südliche Ecke der »Pyramide«, liegt exakt auf einem Kreis, der durch die Mitte des Marsgesichts geht und als Zentrum den »Stadtkern« hat. Dieser »Endpunkt« scheint eine mathematisch logische Position zu haben. Den Kreis scheinen noch einige andere »Pyra-

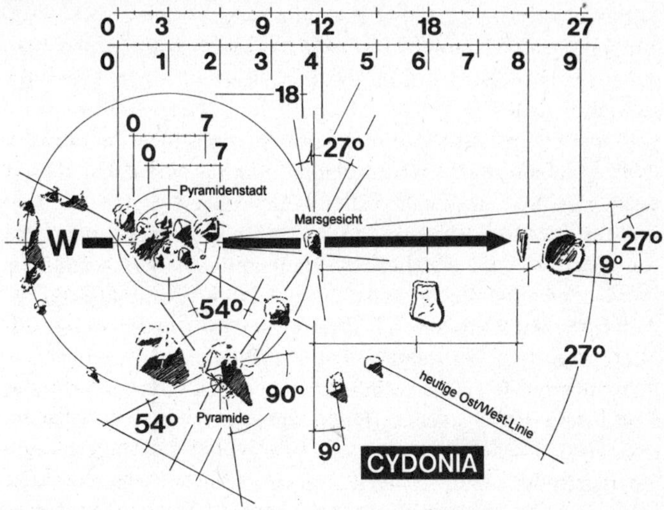

Ein »Heiliger Ort« auf dem Mars. Die Abmessungen stehen in Beziehung zu irdischen Kultstätten und zur Figur Jesus Christus.

miden« im Westen zu markieren. Eine Gesteinsstruktur innerhalb dieses Kreises, südlich der »Stadt«, scheint ebenfalls »Markierungspunkte« entlang der senkrechten Mittellinie zu dieser »Stadt« zu besitzen. Auch die heutige Ost-West-Linie führt über einige »Markierungsstrukturen«, besonders über einen zweiten gesichtsähnlichen Felsen und die große westliche »Pyramide« der »Innenstadt«. Ziemlich exakt nördlich des Marsgesichts befindet sich eine Bodeneinkerbung, die entlang der Mittellinie dieser Gesichtsstruktur verläuft.

Mit all diesen Maßangaben habe ich versucht, etwas mehr Klarheit, etwas mehr »Intelligenz« in diesen Strukturen in der Cydonia-Ebene zu finden. Vielleicht ergibt sich daraus ein logischer gemeinsamer Nenner oder eine besondere Botschaft. Die Zahlen 27 und 54 lassen sich durch 9 und 3 (als kleinste gemeinsame Nenner außer 1) teilen. Auch die sich daraus ergebenden Winkel von 36, 72 und 90 Grad lassen sich durch 9 und 3 teilen – selbstverständlich auch komplette Kreise von 360 Grad.

Dasselbe System kann angewendet werden bei den Abmessungen der einzelnen Strukturen. Die gesamte Entfernung des ganzen Komplexes kann in genau 45 Teile zerlegt werden. Da sich ein solches Teilstück auf sämtliche wichtigen Entfernungen anwenden läßt, könnte es als »Cydonia-Elle« (entspricht 0,962 Kilometer) angesehen werden, woraus sich dann folgendes ergibt: Sieben solcher »Ellen« bilden den Durchmesser der inneren »Stadt«, zehn von ihnen den Durchmesser der gesamten »Stadt«. Vom westlichen »Stadtrand« bis zum östlichen Rand des Marsgesichts sind es genau 20 »Cydonia-Ellen«, bis zum östlichen Rand des »Visierfelsens« dann wieder 20 solcher »Ellen« und bis zu der kleinen »Markierungspyramide« am Rand des großen Kraters im Osten nochmals 5 »Ellen« – das sind insgesamt 45 solcher »Ellen« entsprechend 0,962 Kilometer mal 45 = 43,29 Kilometer.

Auch andere Entfernungen sind in solche Teilstücke zerlegbar, wie die Entfernung von der Mitte des Marsgesichts bis zum westlichen Rand des mauerähnlichen Gebildes von 20 »Ellen« und bis zum östlichen Rand einer »vierseitigen Ruine« von 9 »Ellen«. Das Marsgesicht selbst mißt 2 »Cydonia-Ellen«. Es ist wirklich schwer vorstellbar, daß dies alles nur eine Laune der Natur sein soll! Sogar ein merkwürdiges »Plateau« zwischen dem Marsgesicht und dem Visierfelsen läßt sich in diese Maßangaben einbeziehen. Die gesamte Entfernung von 45 »Cydonia-Ellen« läßt sich auch in 3, 6, 9 und 27 Teile zerlegen, worin alle wichtigen Meßpunkte enthalten sind. Das Ganze scheint überhaupt eine Art Trigonometrie-System zu sein, denn auch diese »Cydonia-Elle« läßt sich in drei Teile zerlegen, die dann wieder einzeln in sämtliche Maße hineinpassen. Die Bezeichnung »tri« kommt aus dem Griechischen und bedeutet »drei«, also auch das Dreieck, die »Triangel«, betreffend. Die »D & M-Pyramide« besteht aus fünf Dreiecksflächen. Die »Stadt« selbst aus fünfseitigen und dreiseitigen »Pyramidenstrukturen« innerhalb eines Pentagons. Zahlreiche pyramidenartige Gebilde auf dem Mars haben fünfeckige oder dreieckige (bzw. trapezoide) Formen. Gab es auf dem Mars einst eine Kultur, die sich auf die Trigonometrie spezialisiert hat?

Die Bedeutung des Dreiecks als Dreieinigkeit Vater, Mutter und Kind, als Dreifaltigkeit Gott Vater, Gott Sohn und Heiliger Geist und als Marssternsymbol.

Das Dreieck hat schon seit Jahrtausenden mathematische und mystische Bedeutung. In der Vermessungstechnik wird die Dreiecksaufnahme, die Triangulation, zur Bestimmung von Punkten an der Erdoberfläche nach den Längen- und Breitengraden angewendet. In der Religion geht dieses System in die Dreieinigkeit oder Dreifaltigkeit Gottes über. In der Pyramide gelangt die Dreiecksform zur höchsten Vollendung. Dieses Prinzip scheint sich auf dem Mars zu wiederholen.

Die Amerikanerin Linda Goodman hat in ihrem Buch »Star Signs« interessante Aspekte ausgearbeitet. Das älteste aller religiösen oder magischen Symbole ist das Dreieck. Es symbolisiert die Einheit Vater, Mutter und Kind. Dieses Dreieck wurde dann, zum »Schutz«, mit einem Kreis umhüllt. In einer späteren Form wurde es, doppelt genommen, zum sechszackigen Davidstern, dem Marssymbol auf alten Rollsiegeln. Aus dieser 6 und der 3 könnte dann die »Marszahl« 9 entstanden sein. Tatsache ist, daß diese Zahl schon von alters her dem Mars zugeschrieben wird. »Die Zahl 9 ist von Anbeginn Alpha und Omega, sie symbolisiert den Ursprung und das Ende, und sie kann durch nichts zerstört werden, ganz gleich, wie oft man sie multipliziert: 9 mal 3 = 27 (Quersumme 9, 9 mal 9 = 81 (Quersumme 9), 9 mal 8 = 72 (Quersumme 9) usw.«, schreibt Linda Goodman.

Das wußten offenbar auch die Menschen von Teotihuacan, in deren Tempelanlage sich die Meßwerte 9, 18, 36, 72 und 144 finden, die einzeln und als Quersumme die Marszahl 9 ergeben. Ein ähnliches System hatten auch die Maya. Sie gehen von einer »alles-umfassenden harmonischen Zahl aus«, wie der Mayaforscher José Arguelles in seinem Buch »Der Maya-Faktor« schreibt. Es ist die Zahl 1366560, die mit dem Mars verbunden ist und die in der Quersumme 27 bzw. 9 ergibt. Die Maya rechnen in Zeitaltern, die jeweils einem bestimmten »Tun« entsprechen. Und zwar:

Tun	360 Tage
Katun	7200 Tage
Baktun	144000 Tage
Pictun	2880000 Tage
Calabtun	57600000 Tage
Kuncultun	1520000000 Tage
Alautun	23040000000 Tage

Hier sind wieder die Zahlen 36, 72 und 144 enthalten, und alle »Zeitalter« haben bis auf eine die Quersumme 9. Auch ihre Tempel, wie der berühmte »Tempel der Inschriften« in Palenque, errichteten die Maya in neun Stufen. Der Zeitraum von 1366560 Einheiten (Quersumme 27) entspricht in unserer Zeitrechnung dem Datum 631 n. Chr. Damals soll der bekannte Priesterkönig Quetzalcoatl geherrscht haben, der merkwürdig »christliche Eigenschaften« hatte und der auch als »weißer Heiland« verehrt wurde. Bis heute rätseln die Fachleute, was das für eine Gestalt war und woher sie kam.

Die 9 steht aber auch in Verbindung mit der Schöpfung. Adam, der erste mythische Mensch, wurde 930 Jahre alt (enthält die 9 und die 3 als Teil von 9). Das iranische Weltalter dauerte 9000 Jahre, in Tibet gibt es die neun großen Lha, und auch die Maya hatten neun »Herren der Zeit«. Auch Jesus Christus steht in Beziehung zur Zahl 9. Er wurde im 12. Monat geboren (Quersumme 3, Teil von 9), sprach mit 12 Jahren erstmals vor den Priestern, begann seine Mission im Alter von 30 Jahren, er wurde in der 3. Stunde gekreuzigt, starb in der 9. Stunde, wurde am 9. Tage bestattet, er ist am 3. Tage auferstanden und wurde angeblich 33 Jahre alt.

Der Ursprung der Zahlen wird dem ägyptisch-babylonischen Gott Hermes Thot – in der Bibel wurde er zu Henoch – zugeschrieben. Bei den Griechen hieß er Hermes Trismegistos (»Hermes, der dreimal Größte«), und er wurde auch »Schreiber der Götter« genannt. Möglicherweise konnte dieser Gelehrte mit »kosmischen Zahlen« umgehen, und vermutlich stammt auch das chaldäisch-hebräisch kabbalistische numerische Alphabet von ihm. Daraus geht folgendes hervor:

A = 1	H = 5	O = 7	V = 6
B = 2	I = 1	P = 8	W = 6
C = 3	J = 1	Q = 1	X = 5
D = 4	K = 2	R = 2	Y = 1
E = 5	L = 3	S = 3	Z = 7
F = 8	M = 4	T = 4	
G = 3	N = 5	U = 6	

Das ergibt für den griechischen Namen Jesus Christus:

J	E	S	U	S		C	H	R	I	S	T	U	S
1	5	3	6	3		3	5	2	1	3	4	6	3

Quersumme 18 Quersumme 27
= Quersumme 9 = Quersumme 9

Entsprechend im Englischen:

J	E	S	U	S		C	H	R	I	S	T
1	5	3	6	3		3	5	2	1	3	4

Quersumme 18 Quersumme 18
= Quersumme 9 = Quersumme 9

Oder für seine Herkunft:

J	E	S	U	S		V	O	N		N	A	Z	A	R	E	T	H
1	5	3	6	3		6	7	5		5	1	7	1	2	5	4	5

Quersumme 18 18 Quersumme 30
= Quersumme 9 9 = Quersumme 3 (Teil von 9)

Oder mit seinem hebräischen Namen Jehoshua:

J	E	H	O	S	H	U	A
1	5	5	7	3	5	6	1

Quersumme 33 (Teile von 9)

Die gesamte Figur Jesus Christus ist mathematisch aufgeschlüsselt in den Zahlen 3, 6, 9, 18, 27, 36, 45, 54, 72 und 144. Das sind all die Zahlen, die sich aus den prähistorischen heiligen Stätten ergeben und die auch mit dem Mars verknüpft sind. Jesus Christus ist also eindeutig marsbezogen (männlich, Blut, Energie, Kampf, starker Wille etc.).

In den letzten Jahren tauchten in Kornfeldern, hauptsächlich in England an den »heiligen Stätten«, merkwürdige Kreise und geometrische Gebilde auf. Sie werden als Botschaften außerirdischer Intelligenzen gedeutet. Eine Gruppe von Kornkreisforschern hat festgestellt, daß bestimmte Symbole auf die Planeten unseres Sonnensystems hinweisen, und besonders zum Mars. Es ist ein Kreis mit einem Pfeil, entsprechend dem astrologischen Symbol für den Planeten oder ein Kreis mit zwei »Monden«. Die Forscher glauben darin den Schlüssel der Herkunft dieser seltsamen »Piktogramme« gefunden zu haben: Es ist der Mars! Eine Figur in den Kornfeldern setzt sich aus den Symbolen für die Planeten Jupiter, Erde, Saturn, Uranus und der Sonne zusammen. Die Anfangsbuchstaben dieser Planeten entsprechen in dieser Anordnung dem Namen *Jesus*. Im Jahre 1989 ist diese Figur aufgetaucht, und die Kreisforscher meinen, das weise auf die Wiederkunft Jesu hin.

Im Jahre 1992 sind wieder mehrere »Kornzeichen« aufgetreten. Charakteristisch waren Symbole, die dem griechischen Zeichen des Fisches, *Ichthys* entsprechen. Dieses Wort setzt sich bekanntlich zusammen aus den Anfangsbuchstaben der folgenden griechischen Wörter: »Jesus Christos Theu Yios Soter« (»Jesus Christus Gottes Sohn Heiland«). Der Mediziner Dr. Steven Greer, Mitglied des »Center for the Study of Extraterrestrial Intelligences« (CSETI), verbrachte 1992 einige Tage in den englischen Kornkreisfeldern. Am 26. Juli beobachtete er ein fliegendes Objekt, das aussah wie ein »erleuchteter Christbaum«. An diesem Tag waren viele »New Age«-Anhänger bei den Kornkreisen und feierten dort den Beginn einer neuen Zeitrechnung, entsprechend den »kosmischen Rhythmen«.

Pyramiden, Tempel, Steinsäulen und Kirchen wurden offenbar nach einem »höheren Plan« angelegt. Besonders Kirchen als »heilige Orte« haben im Laufe der Geschichte große Bedeutung erlangt. Sie sollen, so heißt es, als »Abbilder der von Christus regierten Welt« dienen oder auch als »seines Vaters Haus« – mit oder aus dem er einst vom Himmel zur Erde kam. Es sind »Schiffe« (so heißen die Räume in den Kirchen) mit dem »Allerheiligsten« an der »Brücke«, mit zahlreichen »Lichtern« am »Altar«, in einem Schrein die Reliquie (die Energie, Kraft), mit großen gläsernen Fenstern und schleusenartigen Toren. Einige der ersten Kirchen wurden wie runde Türme mit kuppelartigen Dächern (Rotunde) errichtet, später mit großen, spitzen Türmen und riesigen gewölbeartigen Kuppeln. Diese Formen und Bezeichnungen kennen wir auch aus der modernen Weltraumtechnik. Sind die Kirchen also in Wirklichkeit Abbilder von Raumschiffen?

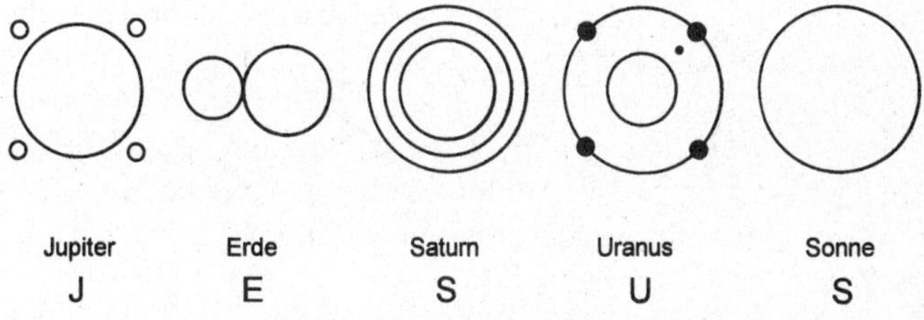

Eine Christusbotschaft in den Kornkreisen.

Ein derartiger »Turm« von 110 Metern Höhe brachte 1969 drei Menschen zum Mond, ein ähnlicher Turm mit »Seitenschiffen« (Trägerraketen) brachte in den letzten Jahren mehrmals ein Space Shuttle mit irdischen Astronauten ins All, und ein kleines »Schiff« mit dem Namen »Mir« (Friede) kreist seit 1986 als Raumstation um die Erde. Künftige Weltraumreisende werden sich jedoch in riesigen Raumschiffen durchs All bewegen, die Kathedralen nicht unähnlich sein werden. Der Physiker Gerard O'Neill hat schon 1978 in seinem Buch »Unsere Zukunft im All« beschrieben, wie künftige Weltraumhabitate für Hunderte von Menschen aussehen könnten. Menschenähnliche Lebewesen, die die Weiten des Weltalls durchqueren wollen, müssen großzügige Räumlichkeiten zur Verfügung haben, in denen jegliche Technik und alles Lebensnotwendige für Jahrtausende untergebracht ist. Einem uneingeweihten, gewöhnlichen Erdling im Altertum mußte der Anblick des Innenraumes eines solchen Weltraumschiffes wie ein Allerheiligstes, übersät mit glitzernden Lichtern, wie eine riesige Kathedrale vorgekommen sein. Dargestellt ist das alles nun an zahlreichen »heiligen Orten« auf dieser Erde und vielleicht auch noch auf einem anderen Planeten.

XII. Es geschehen Zeichen und Wunder

Ereignisse jenseits unserer Begriffswelt

Seit Jahrtausenden geschehen immer wieder unerklärliche Dinge; es zeigen sich Erscheinungen, es entstehen Wunder und Zeichen, die wir oft nicht verstehen. Nicht alles kann auf Trugbilder, Hysterien oder Schwindel zurückgeführt werden. Möglicherweise stecken hinter den zahlreichen Wundern und Rätseln rund um den Globus mehr als nur Sinnestäuschungen. Es bleiben durchaus Einzelheiten übrig, aus denen hervorgeht, daß mit uns offenbar etwas geschieht, das jenseits unserer Begriffswelt liegt.

Es zeigt sich immer wieder, daß viele Menschen »Gesichte« haben, Vorahnungen, »Seher« sind, die ihr eigenes und auch das Leben anderer beeinflussen. Menschen werden mit Sonnenwundern, Lichtphänomenen, geheimnisvollen Kräften und eigenartigen körperlichen Veränderungen konfrontiert, die rätselhaft sind. Können hinter all diesen Phänomenen geheimnisvolle Botschaften aus dem Kosmos oder aus anderen Dimensionen stecken? Können solche Phänomene verschlüsselte Mitteilungen an unsere beschränkte Intelligenz sein?

Schon in der Steinzeit wurden am Himmel merkwürdige Kreise und Kugeln gesichtet. Auf zahlreichen Felszeichnungen sind immer wieder solche Symbole zu sehen. Sie umgeben meist alltägliche Szenen wie Jagden, Stammeskriege oder religiöskultische Zeremonien, und meistens werden sie am Himmel, also oberhalb solcher Szenen, abgebildet. Verschiedene Gestalten, umgeben mit »Strahlenkränzen«, finden wir auf Felszeichnungen in allen Teilen der Welt. Von Blitzen, Mond und Sonne geblendet sahen die Menschen offenbar auch andere Lichtphänomene, die nicht so ganz in das gängige Weltbild passen. Erst seit es schriftliche Aufzeichnungen gibt, können wir diesen Phänomenen auf den Grund gehen. Solchen Quellen ist zu entnehmen, daß schon der ägyptische Pharao Tuthmosis III., im

15. Jahrhundert vor Christus, einen Feuerkreis sah, der direkt aus dem Himmel kam.

Auch aus biblischen Quellen sind solche Himmelsphänomene bekannt. Schon Moses und die Israeliten begleitete bei ihrer Wüstenwanderung (1280 v. Chr.) eine »Wolke« (Exodus 40, 36), die sich offenbar auf intelligente Weise fortbewegte, denn »sooft sich nun die Wolke erhob, brachen die Israeliten auf; wenn sich die Wolke aber nicht erhob, brachen sie nicht auf«. Abends aber leuchtete die Wolke »wie ein feuriger Schein bis zum Morgen« (Numeri 9, 15). Folgt man dem biblischen Josua (10, 13), dann blieb einmal die Sonne stehen »mitten am Himmel, fast einen ganzen Tag lang verzögerte sie ihren Untergang«. Bei der Geburt Simsons im Buch der Richter (13, 20) stieg ein Engel aus einer Feuerflamme, »die vom Altar zum Himmel emporstieg«, in den Himmel hinauf. Dem Propheten Ezechiel (1, 4–28) »öffnete sich der Himmel« (592 v. Chr.), und er hatte »Gesichte« von einem »Thronwagen«, in dem Blitze hin und her schossen. Auf diesem »thronähnlichen Gebilde« war eine Erscheinung, »die das Aussehen eines Menschen hatte«. Die ganze Erscheinung war von einem »Feuer« eingeschlossen und einem »Lichtglanz« umgeben.

Auch Daniel (7, 9–14) hatte eine Erscheinung von einem »Hochbetagten« und einem »Menschensohn«; ersterer hatte ein »Gewand weiß wie Schnee, und seines Hauptes Haar war rein wie Wolle. Sein Thron war von Flammen und seine Räder von Feuerbränden«. Der »Menschensohn« kam auf den »Wolken des Himmels« zu dem Hochbetagten hernieder, und später, »im dritten Jahr des Perserkönigs Cyrus« (547 v. Chr.), begegnete er offenbar Daniel wieder. Es war ein Mann, »in Linnen gekleidet; seine Lenden waren mit reinstem Gold gegürtet. Sein Körper leuchtet wie Edelstein, sein Antlitz wie ein Blitzstrahl und seine Augen wie Feuerbrände; seine Arme und Füße funkelten wie poliertes Erz; und der Klang seiner Rede war wie das Tosen einer Volksmenge« (10, 1–6).

Der österreichische Schriftsteller Peter Krassa schrieb bereits 1974 in seinem Buch »Gott kam von den Sternen« über mögliche Besuche von außerirdischen Wesen: »Was spricht dagegen, daß solche Besuche in den schriftlichen Überlieferungen unserer Vorfahren ihren Niederschlag fanden, etwa in Form von Berichten über die Ankunft fremder ›Götter‹? Auch das heilige Buch der Christenheit – die Bibel – bildet dabei keine Ausnahme. In ihr und in den zahlreichen apokryphen Aufzeichnungen stoßen wir auf Spuren erdfremder Intelligenzen, die damals, so wie überall, von ahnungslosen Völkern als ›Götter‹ verehrt und gefürchtet wurden.«

Nach der Auferstehung Jesu hatten seine Jünger noch einige Erscheinungen. Abgesehen davon, daß ihnen Jesus noch einmal erschienen ist, hörten sie »vom Himmel her ein Brausen« (2, 2–3) und sahen »Zungen wie von Feuer, die sich zerteilten«. Saulus, der später zum Paulus wurde, »umstrahlte plötzlich ein Licht vom Himmel« (9, 3–4) auf dem Weg nach Damaskus, und eine Stimme rief: »Saul, Saul, warum verfolgst du mich?« Saulus fragte: »Wer bist du, Herr?« Die Stimme rief: »Ich bin Jesus, den du verfolgst.« Seine Reisegefährten hörten zwar die Stimme, sahen aber niemanden.

Der römische Kaiser Konstantin hatte am 28. Oktober 312 eine »himmlische Vision«, die ihm später zum Sieg über seinen Rivalen Maxentius verholfen haben soll. Im Traum ist ihm Christus erschienen, dessen Zeichen er dann am Himmel gesehen hat. Berechnungen zufolge soll es sich um eine Zusammenkunft der Planeten Saturn, Jupiter und Mars gehandelt haben, die zusammen mit einigen Sternen des Steinbocks und des Adlers ein aufgerichtetes griechisches »X« ergaben, dessen verlängerter Balken in dem Buchstaben »P« mündete. Die griechischen Buchstaben »X« (Chr) und »P« (R) zusammen bilden bekanntlich das Christusmonogramm und das Zeichen des Fisches (griechisch »Ichtys«). Kaiser Konstantin hat ein Jahr später das Christentum anerkannt.

Seit damals ereignen sich in aller Welt Zeichen und Wunder religiöser Art, oder sie werden mit Religion in Verbindung gebracht. Es sind Phänomene, die teilweise schon früher vorhanden waren, doch offenbar nicht so ausgeprägt. Da erscheinen Heilige, Engel, mitunter Jesus selbst oder Dinge, die mit ihm in Zusammenhang gebracht werden können, und häufig, besonders im Mittelmeerraum die Gottesmutter Maria, die Madonna.

Am 3. Mai 1491 begegnete dem Schmied Dietrich Schöre in Trois-Epis in Frankreich »eine Frauengestalt in weißem Mantel«, und im Mai 1954 sah man während einer Hungersnot in Guadeloupe in Ecuador plötzlich eine Dame, die »über die Erde schwebte«. Etwas Besonderes dieser Art fand wohl in Lourdes in Frankreich statt. Dort erschien vom 11. Februar bis zum 16. Juli des Jahres 1858 der kleinen Bernadette Soubirous insgesamt achtzehnmal die Gottesmutter in einer Grotte. Noch heute wird dieser Ort von zahlreichen Pilgern besucht. Am 8. Dezember 1933 wurde Bernadette von Papst Pius XI. heiliggesprochen. Im Jahre 1858 wurden dort über 100 wundersame Heilungen registriert.

1917 erschien in dem kleinen portugiesischen Dorf Fatima den drei Hirtenkindern Lucia, Francisco und Jacinta Marto jeweils am 13. der Monate Mai bis Oktober die »Muttergottes vom Rosenkranz«, die sie immer wieder zum Gebet und zur Errichtung einer Kapelle aufforderte. Dem vorausgegangen war ein »Sonnenwunder«. Das Gestirn begann zu zittern, zu schwanken, es führte abrupte Bewegungen aus und fing an, sich wie ein riesiges Feuerrad zu drehen. Die Sonne schien in den Farben Grün, Rot, Blau und Violett und tauchte die ganze Landschaft in ein »unirdisches Licht«. Das ganze Schauspiel wiederholte sich in den nächsten 12 Minuten noch zweimal, bis es zum Stillstand kam. Das himmlische Ereignis konnte am 13. Oktober 1917 von etwa 50000 Menschen beobachtet werden. An diesem Tag, gegen 2 Uhr nachmittags, soll sich die Sonne um sich selbst gedreht haben, wie ein glänzendes Rad; sie hob sich vom Firmament ab und tauchte blutrot am Horizont unter. Eine Überprüfung der zuständigen bischöflichen Kommission im Jahre 1930 hat ergeben: »Die Erscheinungen sind glaubwürdig.« Der Seligsprechungsprozeß der beiden Kinder Francisco und Jacinta Marto wurde daraufhin eingeleitet.

Vom 29. November 1932 bis zum 3. Januar 1933 erschien in dem belgischen Städtchen Beauraing den vier Kindern Albert, Andree, Gilberte und Fernande Degeimbre mehrere Male »die unbefleckte Jungfrau«. Sie leuchtete in der Dunkelheit »in strahlendem Licht« aus einer Lourdes-Statue der Muttergottes. Ein Jahr später, am 15. Januar 1933, ebenfalls in Belgien, in dem Dorf Banneux, sah die kleine Marietta Beco durch ihr Zimmerfenster »wehende Schleier« und ein Licht, in dem eine wunderschöne Frau mit gefalteten Händen sichtbar wurde. Sie trug ein schneeweißes Kleid und darüber einen Schleier. Drei Tage später sah Marietta die Muttergottes sogar von Licht umgeben vom Himmel herabkommen. Dann schwebte die Erscheinung auf einer kleinen Wolke einher und befahl Marietta, ihre Hände in eine Quelle zu tauchen, die von da an für sie vorbehalten sei, und alle Kranken sollten ihre Hände ebenfalls in diese Quelle tauchen. Am 22. August 1949 wurde diese Quelle vom Vatikan offiziell anerkannt. Am Erscheinungsort wurde eine Kirche errichtet, und seither geschehen dort zahlreiche Wunderheilungen, die sogar die Ärzte verblüffen.

In dem kleinen italienischen Städtchen Montichiari erschien im Frühjar 1947 der Krankenpflegerin Pierina Gilli in der Kapelle des Krankenhauses eine »schöne Dame«. Sie schwebte zuerst in einem violetten Kleid hernieder, und in ihrer Brust steckten drei Schwerter, aber es floß kein Blut aus den Wunden. Die »Dame« forderte zu Spenden auf, und am 13. Juli 1947 erschien sie erneut, doch diesmal in einem weißen Gewand ohne die Schwerter. Sie sagte: »Ich bin die Mutter Jesu und die Mutter aller« und »ich wünsche, daß alljährlich der 13. Juli zu Ehren der ›Geheimnisvollen Rose‹ (rosa mystica) gefeiert wird«, denn »ich wünsche ›Geheimnisvolle Rose‹ genannt zu werden.« Auch dort werden seither zahlreiche Wunderheilungen verzeichnet.

Ebenfalls im Jahre 1947, am 12. April, fuhr Bruno C. mit seinen drei Kindern Gianfranco, Carlo und Isola zu den »Tre-Fontane« in der Nähe von Rom. Dort fiel Gianfranco beim Spielen in eine Grotte, und als sein Vater ihn gerade befreite, blendete ihn ein greller Schein, und plötzlich erschien eine Frauengestalt von unbeschreiblicher Schönheit, von einem goldenen Schimmer umgeben. Sie hatte schwarze Haare und trug ein leuchtendweißes Kleid mit einer rosafarbenen Schleife und einen grünen Mantel. Bruno C. berichtete später, es war ihm, »als hätte sich sein Bewußtsein vom Körper gelöst«.

Am 9. Oktober 1949 sahen die vier Kinder Erika Müller, Marie Heilmann, Kuni Schleicher und Grete Gügel in Heroldsbach in Bayern auf dem Heimweg von der Schule auf einigen Baumkronen eine leuchtende Schrift, »wie wenn die Sonne durch eine grüne Bierflasche scheint«: Es waren die Buchstaben »JHS«. Als die Schrift verschwand, sahen sie eine »weiße Frau«, die aussah wie eine weißgekleidete Nonne. Die Erscheinung ging eine Viertelstunde lang langsam hin und her. Am 10. Oktober sahen mit Kuni Schleicher noch vier weitere Kinder die Dame auf den Baumwipfeln, die sich langsam abwärts bewegte. Am 12. Oktober sahen sie dort nur einen »weißen Schimmer«, und am 13. Oktober sagte die Gestalt, die Leute sollten beten. Der Ortspfarrer Gailer beschrieb das Phänomen folgendermaßen: »Die Sonne kam auf uns zu und knisterte ganz gewaltig. Ich sah darin einen 20 cm breiten Kranz von Rosen. Antonie Saam sah in der Sonne die Mutter Gottes mit Kind. Wir waren zu fünf Geistlichen oben. Solange ich lebe, werde ich das bezeugen.« Der Pfarrer informierte das bischöfliche Ordinariat, und dessen Beauftragter konnte die Kinder während der Erscheinung beobachten, die dann noch mehrere Male bis zum 31. Oktober 1952 auftrat. In der Zwischenzeit wurden mehrere Untersuchungen von kirchlichen und weltlichen Stellen vorgenommen. Das Heilige Offizium in Rom wurde bemüht, und Professoren der Theologie begutachteten den Erscheinungsort.

Der Theologieprofessor Dr. J. B. Walz gab zu Protokoll: Die Erscheinung wurde »immer heller und heller, immer greller. Die Sonne schien mir immer greller und größer zu werden und näher an uns heranzukommen. Ich war wie geblendet. Ich hatte den überwältigenden Eindruck eines außergewöhnlichen Ereignisses und glaubte, es kommt jetzt schlagartig etwas außergewöhnlich Furchtbares. Ich erschrak ... Da fing die Sonne an sich zu drehen, ganz schnell im Kreise herum, und die Drehungen waren so deutlich erkennbar, so schnell, daß ich die Vorstellung hatte, wie wenn ein Motor die Sonnenscheibe in gleichmäßiger Geschwindigkeit sehr rasch drehen würde. Dabei erschien die Sonnenscheibe in den herrlichsten Farben.« Dieses Sonnenwunder wurde bisher vom Vatikan nicht anerkannt.

Im Jahre 1950 sah Tina Mallia in dem sizilianischen Dorf Acquaviva-Platani ebenfalls ein Sonnenwunder und in Verbindung damit eine »Frauengestalt«. Einige Tage später, am 14. April, war dieses Phänomen soweit bekannt, daß mit Tina zahlreiche Personen zum Erscheinungsort gingen, weil die Gestalt versprochen hatte, sie werde wiederkommen. An diesem Tag teilte sich eine lichte Wolke, dahinter erstrahlte ein grell leuchtender Stern. Die Sonne fing an, sich zu drehen, nach rechts, dann nach links, sie näherte sich in einem Zickzackkurs der Erde und stieg dann in wilden Kapriolen wieder himmelwärts. Das Schauspiel wiederholte sich an diesem Tag noch einmal.

Am 29. September 1961 hatte Rosa Quattrini in San Damiano eine wundersame Heilung nach einer mildtätigen Spende an die Kirche Santa Maria della Grazia in San Giovanni Rotondo. Drei Jahre später, am 16. Oktober 1964, bemerkte Frau Quattrini mit einer Nachbarin in ihrem Obstgarten auf einem Pflaumenbaum einen Nebelschleier, dann eine seltsame Wolke, die zu einem Birnbaum hinüberwechselte und dort zu einer »strahlend hellen Frauengestalt« wurde, mit zwei Rosen in der Hand. Die Frauengestalt ermahnte zum Gebet und ließ, als ein Zeichen der Dankbarkeit, den bereits Früchte tragenden Birnbaum erblühen. Seither ist Frau Quattrini als »Mama Rosa« bekannt und wird von vielen Gläubigen besucht.

Am 2. April 1968 beobachtete eine große Menschenmenge auf der Kuppel der koptischen Kirche von Zeitun in Kairo ein nebelartiges Gebilde, das aussah wie eine menschliche Gestalt und das hell erstrahlte. Einige bezeugten, eine »schöne Dame« gesehen zu haben, und dem ägyptischen Fotoreporter Wagih Rizk Matta gelangen sogar einige Schnappschüsse von dieser marienhaften Erscheinung.

In der letzten Zeit erregte folgende Marienerscheinung besondere Aufmerksamkeit: Auf dem Hügel Crnica, in der Nähe des jugoslawischen Städtchens Medjugorje, sahen am 24. Juni 1981 einige Burschen und Mädchen »eine hell leuchtende Gestalt, lieblich, unbeschreiblich, das Haupt von einem Sternenkranz umgeben«. Später erschien diese Gestalt auf dem Krizevac, dem nahen Kreuzberg. Die »Gospa«, die Frau, sprach von zehn Geheimnissen, schicksalhaften Geschehnissen in der Welt, die jeweils zehn Tage vorher einem Priester bekanntgegeben würden. Außerdem versprach die Erscheinung, ein bleibendes Zeichen zu setzen.

Seither kamen bereits mehrere Millionen Pilger nach Medjugorje. Manche berichten von seltsamen Lichtphänomenen, und die Bewohner der umliegenden Ortschaften wollen den Schriftzug »Mir« (Friede) am Himmel gesehen haben. Zahlreiche Wunderheilungen sind dort bisher verzeichnet worden. Eine Frau aus Mailand, Diana Basile, soll mit Multipler Sklerose, gelähmt und blind nach Medjugorje gefahren sein. Als sie wegfuhr, brauchte sie ihren Rollstuhl nicht mehr; mehrere Ärzte haben ihre Heilung bestätigt. Später erschien die Madonna den Seherkindern zu Hause, im Pfarrhof des kleinen Weinortes und besonders in der Kirche des Ortes »Zum heiligen Markus«.

Medjugorje ist ohne Zweifel etwas Besonderes. Hier wurde erstmals eine Marienerscheinung an Ort und Stelle wissenschaftlich untersucht. Der französische Krebsforscher von der Universität Montpellier Prof. Henri Joyeux, der international anerkannte Mariologe, Mitglied der Lourdeskommission und Lehrer an der Universität Dayton in den USA Rene Laurentin und ein Team aus fünf Fachärzten und einem Elektroniker machten in den Monaten März, Oktober und Dezember des Jahres 1984 umfangreiche Tests an den Seherkindern. Mit Kabeln und Klemmen an den Köpfen und an den Armen sahen die Kinder verzückt auf die Erscheinung. Gehirnströme, Herztätigkeit und Pupillenveränderungen wurden mittels Elektro-Enzephalogramm (EEG), Elektro-Kardiogramm (EKG) und Elektro-Oculogramm (EOG) beobachtet. Die »Gospa« hatte, nach einer Befragung des Seherkindes Jakov Colo, der Untersuchung zugestimmt. Dabei zeigte sich, daß die Kinder auf die Sekunde genau gemeinsam auf die Erscheinung blickten – die Unterschiede der Pupillendrehungen betrugen lediglich 0,2 Sekunden. Die Mediziner meinen, das sei willentlich nicht möglich – selbst bei größter Konzentration.

Ivan Dragicevic bekam Kopfhörer umgehängt und während der Sichtung Geräusche mit 90 Dezibel – etwa so laut wie ein Preßlufthammer – zu hören: Er zeigte keine Reaktion. Maria Pavlovic wurden undurchsichtige Folien vor die Augen gehängt: Sie sah trotzdem die Madonna. Grelle Scheinwerfer blitzten während der Erscheinung auf, doch auch darauf zeigten die Seherkinder keine Reaktion, und auch die Pupillen veränderten sich nicht. Puls und Blutdruck der Kinder waren den Umständen entsprechend normal. Die Ärzte stellten fest, daß es sich keineswegs um Epilepsie, Schlaf, Traum, Halluzination, Hysterie, Katalepsie, Neurose oder um sonstige pathologische Ekstasen handelt. Es waren außerdem keine akustischen oder visuellen Halluzinationen vorhanden. Offenbar werden die Seher in einen Zustand außerhalb von Raum und Zeit – in eine unbekannte Dimension – versetzt.

Am Weihnachtsmorgen des Jahres 1983 machte der Mayaforscher José Arguelles »aus heiterem Himmel eine überwältigende Entdeckung«. Schon seit einiger Zeit hatte er ein astronomisches Buch zu Hause liegen, dem er bisher keine Beachtung schenkte. Als er es nun zufällig aufschlug, sah er darin das NASA-Foto vom Marsgesicht. Er nahm daraufhin ein zweites Buch über Kunstgeschichte zur Hand, das irgendwie ähnlich aussah, und darin fand er auf Seite 144 (Quersumme Marszahl 9) ein Foto von einer »Skulptur, die vom Mars aus zu sehen ist«. Ein amerikanischer Künstler namens Isamu Noguchi wollte im Jahre 1947 ein menschliches Gesicht auf dem Mars konstruieren, das in Größe und Anordnung dem Gesicht in der Cydonia-Region entsprochen hätte. José Arguelles nennt solche Vorahnungen »resonatorische Diffusion«. »Was die einen ›heilige Geometrie‹ und andere ›Tiefenpsychologie‹ nennen mögen, wird alles dadurch vereint, daß es seine Daten aus resonatorischen Strukturen bezieht«, meint er.

Interessanterweise treten Erscheinungen, besonders Marienerscheinungen und »Sonnenwunder«, an wüstenähnlichen

Orten mit kargem, steinigem Boden auf, ähnlich den steinigen Wüsten auf dem Mars. Können diese Geschehnisse nur an solchen Orten stattfinden? Weil sie vielleicht irgendwie »aufgeladen« sind? Zeugen sprechen immer wieder von einem »seltsamen Knistern« während der Ereignisse. Welche Energien werden da freigesetzt? Sind es etwa elektrostatische Aufladungen, wie sie auch bei Ufo-Erscheinungen auftreten? Das würde den Erscheinungen eine ganz neue Dimension verleihen.

XIII. Die Zeit der Engel
Eingriffe kosmischer Intelligenzen

Außer der Muttergottes erscheinen sehr oft auch Engel. Die bekannten Schutzengel sind ja ohnehin allgegenwärtig, aber manchmal zeigen sie sich besonders deutlich. Schon die bekannte Gottesstreiterin Jeanne d'Arc, das einfache Bauernmädchen aus Domrémy in Frankreich, seit 1920 die heilige Johanna von Orléans, hatte mehrere Engelserscheinungen. Im Jahre 1425 erschien ihr erstmals der Erzengel Michael, »von einer großen Helle begleitet«, bis sie schließlich im Jahre 1431 mit dem Schrei »Jesus! Jesus!« auf dem Scheiterhaufen starb. Aus einer Engelserscheinung, einem »Licht‹, das zunahm und immer heller wurde«, das Joseph Smith in der Nacht des 21. September 1823 in seinem Zimmer sah, gründete sich die »Kirche Jesu der Heiligen der letzten Tage«, die Mormonengemeinschaft. Der Engel war »mit einem losen Gewand von außerordentlicher Weiße bekleidet. Es war weißer als irgend etwas, was ich je gesehen hatte; auch glaube ich nicht, daß etwas Irdisches so ausgelassen weiß und glänzend werden könnte«, berichtete Smith später.

Dem Gründer des Islams, dem Araber Abul Kasim Muhammad Ibn Abdallah (570 bis 632 n. Chr.), der später schlicht Mohammed genannt wurde, erschien im Jahre 610 in einer Höhle des Berges Hirsa der Erzengel Gabriel, »in menschlicher Gestalt, mit den Füßen am Rande des Himmels stehend«, und er rief: »O Mohammed, du bist der Erwählte Gottes, und ich bin Gabriel!« Als Mohammed an seinem Glauben zweifelte, führte ihn der Engel nach Jerusalem und schließlich auf »feurigen Rossen« in den Himmel. Am Ort dieser Himmelfahrt wurde später eine Moschee errichtet. Für die Gläubigen des Islams sind Johannes und Jesus Propheten. Ziel der Pilger dieses Glaubens ist jedoch die Kaaba in Mekka. Dort befindet sich der »schwarze Stein«, ein großer Meteorit, der vor langer Zeit vom

Erzengel Gabriel herabgebracht worden sein soll. In alten Schriften wird der Erzengel Gabriel mit dem Mars in Verbindung gebracht, und tatsächlich wurden auf der Erde schon Meteoriten gefunden, die vom Mars stammen.

Die wohl merkwürdigste Engelserscheinung hatten anscheinend 1984 die drei sowjetischen Kosmonauten Wladimir Solovjov, Oleg Atkov und Leonid Kisim während ihres Fluges in der Raumstation Saljut 7. Wie ein übergelaufener sowjetischer Wissenschaftler dem amerikanischen »National Enquirer« berichtete, sollen die drei Kosmonauten gerade mit medizinischen Experimenten beschäftigt gewesen sein, als ein grelles orangerotes Licht die Raumstation umhüllte, von dem sie stark geblendet wurden. Als sich ihre Augen an das Licht gewöhnt hatten, sollen die Kosmonauten den »Schock ihres Lebens« erlitten haben. Sie blickten auf »sieben riesige Figuren in Menschenform, aber mit Flügeln und nebelartigem Heiligenschein«. Die Kosmonauten fühlten sich an die Darstellung von Engeln in christlichen Kirchen erinnert. »Sie schienen Hunderte von Fuß hoch, mit einer Flügelspannweite so groß wie ein Passagierflugzeug. Ihre Gesichter waren rund, und sie lächelten. Sie waren alle gleich, und wir waren total hypnotisiert«, meinten angeblich die Kosmonauten. Zwölf Tage nach dieser Erscheinung soll sich das Schauspiel wiederholt haben; da waren mittlerweile drei weitere Kosmonauten mit »Sojus 8« an Bord. Swetlana Savitskaja, eine der hinzugestoßenen Kosmonauten, soll berichtet haben: »Wir waren überwältigt. Da war ein schönes, orangefarbenes Licht, in dem wir sieben Engelsfiguren sahen. Sie lächelten: ein glorreiches Geheimnis in sich vereinigend. Aber ein paar Minuten später waren sie verschwunden, und wir sahen sie nie wieder!«

Einigen Menschen ist in neuerer Zeit auch Jesus erschienen. Sein Zeichen, das Christusmonogramm »JHS«, wurde ja wie berichtet 1949 in Heroldsbach gesichtet. Seit dem Marsjahr 1988, der letzten nahen Begegnung der beiden Planeten Erde und Mars, wurden in vielen Teilen der Welt seltsame Lichtkreuze beobachtet. Bereits im Jahre 1357 erschien der Katharina von Siena (Toskana, Italien) Jesus Christus, »angetan mit dem päpstlichen Gewand und mit der Tiara gekrönt«. Er streckte ihr segnend die Hände entgegen, und fortan waren für sie der Papst und Christus eine Person. In ihrer Gegenwart geschahen mehrere Wunder, und mit ihren »zwingenden Augen« beeinflußte sie damals sogar die politische Szene.

Der Waldarbeiter Matousch Laschut sah in Turzovka südlich von Krakau am 1. Juli 1958 eine Muttergottes-Erscheinung in einem »Meer von Rosen« und später auch eine Jesus-Erscheinung. Jesus war mit einem »weißen Gewand bekleidet, er trug einen roten Mantel, über die rechte Schulter und über den Arm geworfen. Zu seiner Linken stand ein schmales Kreuz, so hoch wie seine Gestalt. Die ganze Erscheinung war in einem großen, blendenden, strahlenden gleichseitigen Dreieck von etwa zehn Metern Seitenlänge.«

Die wohl seltsamsten Erscheinungen christlicher Wunder sind die Fälle von Stigmatisationen. Die aus dem Griechischen (Stigma = Wund-Brandmal) stammende Bezeichnung bezieht sich auf Personen, die die Wundmale Christi tragen und dadurch zu Stigmatisierten werden. Der vielleicht berühmteste und vermutlich erste Stigmatisierte war Franz von Assisi. Er lebte 1182 bis 1226, ursprünglich als reicher Kaufmannssohn, bekehrte sich dann zur apostolischen Armut, wurde Wanderprediger, lebte nach dem Evangelium und gründete den Franziskanerorden. Seine Wundmale soll er nach der Erscheinung eines Engels erhalten haben. Auch Katharina von Siena (1357) trug angeblich Christi Wundmale.

In neuerer Zeit wurde besonders Pater Pio bekannt, der als Francesco Forgione am 25. Mai 1887 in Pietrelcina geboren wurde. Er trat in den Kapuzinerorden ein und lebte äußerst bescheiden, so daß er dadurch kränklich wurde. Als er sich einmal zur Erholung auf dem Bauernhof seiner Eltern befand, kam er aus einer Hütte, »wobei er die Hände hin und her bewegte, als ob er sich verbrannt hätte«. Das war am 20. September 1915, und an diesem Tag bekam er die Wundmale Christi, die er von Blut triefend den Leuten in der Kirche zeigte, die sofort sagten: »Pater Pio ist ein Heiliger!« Er bekam Wunden an den Händen, den Füßen und eine Schnittwunde an der rechten Brust. Fotos von den Wundmalen wurden an das Heilige Offizium (heute das Büro der Glaubenskongregation) geschickt, worauf ein Ärzteteam zu Pater Pio fuhr und die Wunden untersuchte. Sie mußten schließlich feststellen, »daß sich diese Art von Läsionen dem Zugriff der Wissenschaft entziehen«. Pater Pio verlor jeden Tag eine Tasse voll Blut, er war aber auch medial begabt. Er war ein Wundertäter, Fernheiler und Prophet und starb am 23. September 1968 im Kloster San Giovanni Rotondo, für das »Mama Rosa« eine Spende gab, die eine Marienerscheinung bewirkte.

Eine berühmte Stigmatisierte war Therese von Konnersreuth (1898 bis 1962), die unter dem Namen Therese Neumann in dem oberpfälzischen Ort Konnersreuth geboren wurde. Nach dem Theologen Dr. Josef Hanauer soll sie jedoch dabei einige Tricks angewendet haben, so daß dieser Fall nicht unbedingt als echt anzusehen ist.

Echte Wundmale Christi soll jedoch Antonio Ruffini tragen. Der italienische Blumenhändler fuhr am 15. August 1951 in Richtung Rom die Via Appia entlang zu einem Bauern. Da bettelte ihn ein Junge um einige Lire an, um sich Brot kaufen zu können. Ruffini wies ihn zunächst ab, doch dann packte ihn so das Mitleid, und er schenkte dem Jungen sein ganzes Geld. Als Ruffini weiterfuhr, verspürte er plötzlich Durst und blieb bei einer Quelle stehen. Er berichtete später: »Ich beugte mich über das Wasser und wollte aus meinen Händen trinken. Da erschrak ich, weil sich das Wasser plötzlich rot färbte. Hatte ich mich unbemerkt verletzt?«

Da stand plötzlich eine schwarzgekleidete Frau neben ihm, und er blickte sie an. »In diesem Moment war der Durst verschwunden. Aber auf meinen beiden Handflächen bemerkte ich zwei kreisrunde Wunden, die allerdings nicht mehr bluteten«, berichtete Ruffini. Er unterhielt sich darauf mit der Frau über das Wetter, den Papst in Rom und über die zwölf Apostel und die damaligen Ereignisse. »Erst als sich die Frau vor meinen Augen gewissermaßen in die Höhe erhob und sich ihre Gestalt im wahrsten Sinn des Wortes aufzulösen schien, wußte ich, daß hier etwas nicht stimmen konnte. Ich bin sicher, daß ich damals der Madonna begegnet bin«, meinte Ruffini später. Nach dieser Begegnung trug er jahrelang die Wundmale Christi, zwei kreisrunde Öffnungen von ungefähr zwei Zentimetern im Durchmesser an den Handflächen, zwei Wundmale an den Füßen und auch auf der linken Brustseite eine Wunde. Zum Gedenken an diese wundersame Offenbarung errichtete Ruffini mit Freunden und Verwandten eine kleine Kapelle zur »Madonna Addolorata«.

Im August 1988 und schon im Jahr zuvor erschien der stigmatisierten Schwester Anna Ali vom Orden der »Schwestern der frommen Einheit der Kinder Jesu, des Guten Hirten« in Afrika Jesus »in einem hellen Licht, umgeben von einem wunderbaren Blau, das den ganzen Raum erfüllte«. Schwester Ali durfte Jesus sogar fotografieren. Ihr Seelsorger, Erzbischof Emmanuel Milingo, faßte die Geschichte in einem Buch zusammen. Er ist davon überzeugt, daß es sich um ein echtes Foto von Jesus handelt und auf einer Pressekonferenz im Februar 1994 betonte er ausdrücklich die Ähnlichkeit des Fotos mit dem Abbild auf dem Turiner Grabtuch.

Es gibt aber noch weitere Phänomene, die ähnliche christliche Symptome aufweisen. Da sind z. B. die zahlreichen Berichte von scheinbar Verstorbenen, die auf dem Weg ins Jenseits noch einmal ins Leben gerufen wurden. Die »Sterbeforscherin« Elisabeth Kübler-Ross und der amerikanische Arzt Dr. Raymond A. Moody haben in diesem Bereich ausgedehnte Untersuchungen vorgenommen. Wenn die sterbenden Menschen durch eine Art Tunnel, Rohr oder Trichter »hinübergehen«, begegnen sie einem geheimnisvollen Lichtwesen, das erst schwach leuchtete, sich dann aber »zu überirdischer Leuchtkraft« steigert, jedoch nicht blendet. Die Sterbenden zweifelten nicht daran, daß dieses Licht ein lebendes Wesen, ein Lichtwesen ist. Bei christlich erzogenen Menschen ist es meist Christus oder ein Engel, doch alle sind sich darin einig, daß es ein Wesen aus Licht ist. Es stellte sogar Fragen, ob die Personen vorbereitet seien oder was sie in ihrem Leben getan hätten.

Eine Person erzählte ihr Erlebnis folgendermaßen: »Ich versuchte, mich zu diesem Licht dahinten hinzubewegen, weil ich glaubte, daß es Christus war; ich gab mir alle Mühe, diesen Punkt zu erreichen. Das Erlebnis machte mir keine Angst, es war eher freudig. Da ich Christ bin, hatte ich das Licht nämlich sofort mit Christus in Verbindung gebracht, der ja gesagt hat: ›Ich bin das Licht der Welt.‹ Ich meinte zu mir selbst: ›Wenn es jetzt soweit ist, wenn ich jetzt sterben muß, dann weiß ich, wer da am Ausgang in jenem Licht auf mich wartet.«

Des weiteren gibt es das Tonbandstimmen-Phänomen. Der Schwede Friedrich Jürgenson hatte 1964 erstmals entdeckt, daß auf Tonbändern Stimmen von bereits Verstorbenen zu hören sind, wenn man diese ruft. Diese Stimmen kommen allerdings meist in Fragmenten zum Ausdruck und scheinen oft etwas wirre Antworten zu geben. Geht man jedoch davon aus, daß die Jenseitigen in einer zeitlosen Dimension leben, dann ist klar, warum ihre Botschaften uns verwirren – aufgrund der Informationen aus verschiedenen Zeitebenen. Der Parapsychologe Dr. Constantin Raudive verwendete vier Jahre seiner Tätigkeit zur Erforschung dieses Phänomens. Er traf umfangreiche Sicherheitsvorkehrungen wie schalldichte Wände und magnetische Platten, die Mikrofonstörungen auffangen sollten. Zahlreiche wissenschaftliche Beobachter bestätigten die Effektivität dieser Maßnahmen. Nach den Untersuchungen im Jahre 1968 hatte Prof. Raudive 72000 Stimmen aufgenommen. Er und die anderen Wissenschaftler, wie z. B. Prof. Hans Bender und der Physiker Dr. G. Rönicke, meinten abschließend: »Vorläufig sind von der Physik her keine Widersprüche zu Stimmenphänomenen zu erkennen.«

Bereits vor einigen Jahren experimentierte eine Gruppe von Wiener Tonbandstimmforschern mit dem Marsgesicht. Sie befragten die Stimmen nach diesem Gebilde aus dem Mars, und es kam dabei eine Antwort wie »der König« heraus. Schon während der Untersuchung des Marsgesichtes im Jahre 1985 an der Universität von Kalifornien meinten die Experten: »It looks like a king.« In einem Interview der Zeitschrift »Esotera« im Juni 1987 sagte der Tonbandstimmen-Entdecker Jürgenson, laut Jenseits-Information würde sich »ein verstorbener Mensch, den alle kennen«, in alle Fernsehprogramme einschalten, um die Menschheit in letzter Minute auf dem Weg in den Abgrund zu stoppen. Dieses Ereignis könne binnen eines Monats, aber auch erst eines Jahres stattfinden. Bei diesem »verstorbenen Menschen, den alle kennen«, konnte es sich eigentlich nur um Christus handeln, dessen Abbild im selben Monat (Juni 1987) aus einer Computeranalyse vom Marsgesicht zum Vorschein kam.

Es gibt aber noch wundersame Phänomene, wie Materialisationen und Levitationen, die sich ebenfalls im christlichen Erscheinungsbild wiederfinden. Aus dem menschlichen Körper treten nebelartige Schleier aus, die der Begründer der populären Parapsychologie Dr. Albert von Schrenck-Notzing (1862 bis 1929) erstmals fotografieren konnte, und es gibt Personen, die angeblich voller Verzückung einige Zentimeter über dem Boden schweben können.

In den Prophezeiungen des mittelalterlichen Sehers Michel Nostradamus könnte ebenfalls ein Hinweis auf die Wiederkehr Christi noch in diesem Jahrhundert enthalten sein. In einem seiner Verse soll »im Juli 1999 ein mächtiger Schreckensherrscher vom Himmel kommen«. Danach wird Mars (bei Nostradamus Krieg) herrschen. Einige haben diese Aussage schon als die Zeit des Weltuntergangs gedeutet. Nostradamus hinterließ zwei prophetische Briefe, einen an »dem gänzlich unbesiegbaren, sehr mächtigen und allerchristlichen Henry II., König von Frankreich«, datiert vom 27. Juni 1558. Von diesem Brief existiert aber eine »Erstausgabe« aus Lyon, worin der Text etwas anders formuliert ist. Dort wird zuerst »Henry« angeführt, dann »Roy de France« und zuletzt »second«, weshalb einige Nostradamus-Forscher rätseln, an wen dieser Brief tatsächlich gerichtet war. Liest man die beiden letzten Absätze dieses Briefes aufmerksam durch, dann wird dort Henry II. als »premier monarque de l'univers« (Erster Monarch des Universums) bezeichnet. Hierbei kann es sich also nicht um einen irdischen Herrscher handeln. Mit »Erster Monarch« oder »Erster König« des Universums, also des Weltalls, kann eigentlich nur ein himmlisches Wesen gemeint sein, und hier liegt eine Verbindung mit Christus durchaus nahe.

Außerdem haben bei Nostradamus die Wörter oft eine andere, hintergründige Bedeutung. So meinen nun die Forscher, bei der Anrede »Henry« könne, nach einer phonetischen Analyse, im Französischen auf das »H« verzichtet werden, so daß »enry« bleibt. Da »Y« wie »I« ausgesprochen wird, verbleibt als Wortkern »enri«. Das »ri«, so meinen die Forscher, »spricht der Franzose genauso aus, wie es geschrieben wird.« Dagegen ist die Silbe »en« ein in sich geschlossener Nasallaut, der fast ebenso klingt wie »in«; setzt man nun diese beiden Silben zusammen, entsteht »Inri«, und das sind die Buchstaben, die Jesus ans Kreuz genagelt wurden, entsprechend den Anfangsbuchstaben der Worte *Jesus Nazarenus Rex Judaeorum* (Jesus von Nazareth, König der Juden). »Mit ›Henry II.‹ meinte Nostradamus also Jesus Christus und mit dem Zusatz ›second‹ seine zweite Ankunft auf Erden«, so die Ansicht einiger Nostradamus-Forscher.

Es ließen sich hier noch zahlreiche ähnliche Phänomene und Erscheinungen anführen, doch die Quintessenz aus den meisten Sichtungen zeigt, daß viele Menschen offenbar Kontakte mit wesenhaften Energieerscheinungen, mit »Lichtwesen« haben beziehungsweise, daß diese versuchen, eine Verbindung zu den Menschen herzustellen. Vielleicht um eine Änderung in ihrem Verhalten herbeizuführen oder um das menschliche Verhalten an sich zu studieren. Möglicherweise sind es außerirdische Intelligenzen, die sich in ihrer eigentlichen Gestalt hier auf der Erde nicht »materialisieren« können und sich daher in lichtähnlichen Energieformen zeigen. Wir kennen zahlreiche derartige Fälle aus der Ufo-Forschung. Dort sind es scheiben-, ellipsen- oder kugelförmige Erscheinungen, die manchmal den Eindruck von außerirdischen Raumschiffen erwecken.

Der Astronom Prof. James Deardorf von der Oregon State University ist der Ansicht, daß außerirdische Intelligenzen möglicherweise eine Strategie verfolgen, die uns einen Kulturschock ersparen soll. Der bekannte Wissenschaftler und Schriftsteller Arthur C. Clarke meint, eine weit genug entwickelte Technologie würde sich uns derart präsentieren, daß sie von Magie nicht zu unterscheiden wäre. Ähnlich äußerte sich der bekannte Astronom Dr. Carl Sagan. Dr. T. Kuiper vom »Jet Propulsion Laboratory« der NASA und Dr. M. Morris vom »Owens Valley Radio Observatory« in Pasadena waren schon 1977 der Meinung, »daß Angehörige einer außerirdischen Zivilisation einen begrenzten Kontakt mit uns anstreben, ohne dabei etwas von ihrem Wissen preiszugeben. Sie könnten dieses Vorgehen gewählt haben, um gewisse Informationen in unser Bewußtsein zu implantieren und unsere Entwicklung so in eine bestimmte Richtung zu steuern«. Der deutsche Geologe Dr. Johannes Fiebag hat die Marienerscheinungen dahingehend untersucht. Seiner Meinung nach könnte es sich dabei tatsächlich um »technische Vorgänge« handeln. »Unter diesen Aspekten und im Hinblick auf die deutlich technisch verifizierbaren Details von ›Erscheinungen‹ werden wir auch diese ›übernatürlichen Manifestationen‹ in den großen Komplex möglicher Kontakte mit extraterrestrischen Intelligenzen einbeziehen müssen«, meint Fiebag.

Es zeigt sich in der Entwicklungsgeschichte der menschlichen Zivilisation, daß solche Phänomene immer auftauchen, daß sie sich aber fast immer dem zeitgenössischen Wissensstand der Menschheit anpassen. Im Mittelalter wurden am Himmel »kämpfende Ritter« gesehen, und heute sind es untertassenförmige Raumschiffe. Durchgehend gehalten haben sich jedoch Erscheinungen mit religiösem Charakter. Es ist offenbar so, daß hier außerirdische Kräfte auf uns einwirken, die als Kommunikationsmittel symbolhafte Erscheinungen wählen, welche die Menschen behutsam lenken und führen sollen. Im religiösen Bereich sind die Menschen besonders empfänglich, weshalb Botschaften, die etwas bewirken sollen, wahrscheinlich in eine derartige Form gekleidet sind.

XIV. Wir Kinder des Weltalls

Unsere Wiege steht in den Sternen

Im Jahre 325 n. Chr. wurde in Nizäa von Kaiser Konstantin (288–337) das erste ökumenische Konzil einberufen, um das Römische Reich mit Hilfe des Christentums zu festigen. Damals entdeckte der Kaiser das Grab Jesu in Jerusalem und ließ dort eine Kirche errichten. Daraufhin wurde die Gottgleichheit Jesu offiziell festgelegt. »Gott und Christus sind wesensgleich«, so lautete damals die Meinung von 318 Bischöfen. Im Jahre 1925 wurde die 1600jährige Wiederkehr dieses Ereignisses gefeiert und ein neuer Feiertag festgelegt, der »Christkönig-Tag« am letzten Sonntag vor Advent. Er wurde im liturgischen Kalender als »Fest Christi, des Königs des Weltalls« eingetragen. Das entspricht der alten griechischen Vorstellung vom »Christos Pantokrator«, dem »Allherrscher«, wie auch bei Johannes (4,8) nachzulesen ist. Wenn nun Gott als unser Schöpfer wesensgleich mit Jesus und dieser als »König des Weltalls« praktisch unser Vater ist, dann ist es durchaus legitim anzunehmen, daß wir seine Kinder, also »Kinder des Weltalls« sind. Dies läßt sich sogar vom wissenschaftlichen Standpunkt aus vertreten.

Alles Leben hier auf der Erde ist aus 20 Aminosäuren, die aus Stickstoff, Sauerstoff, Kohlenstoff und Wasserstoff bestehen, aufgebaut. Aminosäuren sind die Baustoffe der Proteine, der Eiweißmoleküle, die den Aufbau von Organismen ermöglichen. In der Frühzeit der Erde, in der Uratmosphäre wurden diese Stoffe gebildet. Auch andere wichtige Bestandteile des Lebens wie Nukleinsäuren (kettenartige Makromoleküle), Zuckerverbindungen und Lipide (fettartige Stoffe) ließen das Leben hier auf der Erde und folglich auch den Menschen entstehen. Irdische chemische Vorgänge waren dabei ebenso ausschlaggebend wie kosmische Einflüsse. Ionisierende und radioaktive Strahlungen sowie kosmische Trümmer (Meteoriten) prasselten vor etwa 4,5 Milliarden Jahren auf die Erde nieder. Dieses irdische Inferno ließ eine Vielfalt von Leben entstehen, die uns noch heute in Erstaunen versetzt. Seltsame Mikroorganismen und riesige Ungeheuer bevölkerten in der Folge die Erde; viele von ihnen sind mittlerweile ausgestorben. Daran waren auch Einflüsse aus dem Weltall beteiligt. Durch den Einschlag eines riesigen Meteoriten soll sich z. B. die irdische Atmosphäre derart verändert haben, daß die Saurier ausstarben, und infolge eines kosmischen Strahlensturms soll der Mensch seine Intelligenz durch das Wachstum der Gehirnmasse erhalten haben. Dies alles wäre nicht möglich gewesen ohne unser Zentralgestirn, ohne die Sonne.

Der Mensch war schon immer eng mit ihr verbunden. Nicht nur, daß sie ihm Wärme und Licht spendete, sie war auch unentbehrlich für die Nahrungsversorgung, auf die sie direkt oder indirekt einwirkte. Am Ackerbau und an der Viehzucht war sie entscheidend mitbeteiligt, und auch zur Ernte von Früchten und Getreide trug sie einen erheblichen Teil bei. So hatten die Menschen schon sehr früh eine wichtige Beziehung zur Sonne. Zahlreiche Sonnenverehrungen und -kulte belegen dies im Laufe der Geschichte. Sonnenauf- und untergänge wurden aufs genaueste verzeichnet, und Bauwerke wurden und werden noch immer nach dem Stand der Sonne ausgerichtet. Sogar Stammeskriege wurden im Namen der Sonne geführt, und »Sonnenwunder« wie Finsternisse durch den Mond und bestimmte Planetenstellungen wurden für religiöse Zwecke benutzt.

Gegen Ende der 18. Dynastie im alten Ägypten (1567 bis 1320 v. Chr.) führte der Pharao Echnaton einen Sonnen-Monotheismus, einen Ein-Gott-Glauben, als Verehrung der Sonne als Quelle allen Lebens ein. Die göttliche Macht wurde durch die lebensspendenden Strahlen symbolisiert. Im alten Persien, im 6. Jahrhundert v. Chr., gab es den Mithras-Kult als Verehrung der Sonne, der sich auch im Römischen Reich und in Europa verbreitete. Der griechische Philosoph Platon (427 bis 347 v. Chr.) bezeichnete die Sonne als »Idee des Guten«, was manche Gelehrte mit Gott identifizierten, und Kopernikus (1473 bis 1543) bezeichnete sie als »Mittelpunkt aller Dinge« und »Beherrscher des Himmels«. Es gibt wohl keinen Zweifel daran, daß uns die Sonne als kosmisches Objekt in allen Bereichen des Lebens erheblich beeinflußt hat und noch immer beeinflußt.

In über 149 Millionen Kilometer Entfernung strahlt ein knapp 1,4 Millionen Kilometer großer »heißer Ofen« an seiner Oberfläche eine Temperatur von etwa 6000 Grad Celsius ab, die uns auf der Erde mit wohliger Wärme versorgt. Ausschlaggebend dafür, daß wir die Sonnenstrahlung als angenehm empfinden, ist auch die irdische Atmosphäre, die wie ein Treibhaus wirkt und uns vor schädlichen Strahlen aus dem Kosmos schützt. Dazu zählen auch die ultravioletten Strahlen, die von der Sonne kommen und in der Ozonschicht der irdischen Atmosphäre absorbiert werden. Wäre das nicht der Fall, wäre das das Ende für alle Organismen, denn ohne Sonnenlicht würden die lebenswichtigen Nukleinsäuren in den Zellen zerstört werden. Das auf die Erde fallende Sonnenlicht ist für uns also lebenswichtig, und es trug auch in der Frühzeit der Erde wesentlich zur Bildung organischer Substanzen bei. Es ermöglichte die Fotosynthese, wodurch der Sauerstoffgehalt in der Atmosphäre angereichert wurde und die Lebensbedingungen für luftatmende Organismen entstanden sind.

Auf der Oberfläche der Sonne entstehen gasförmige Energiebündel, die sogenannten Protuberanzen, die bis zu einer Million Kilometer in den Raum hinausgeschleudert werden. Ebenfalls auf der Sonnenoberfläche bilden sich dunkle Flecken, die Sonnenflecken. Sie entstehen in einem Rhythmus von etwa elf Jahren, werden von starken Magnetfeldern begleitet und stoßen mit einer Geschwindigkeit von mehreren Kilometern pro Sekunde Materie aus. Sie sind etwas kühler als die übrige Sonnenoberfläche. Man hat nun festgestellt, daß dieser Sonnenflecken-Rhythmus einen Einfluß auf das irdische Wetter ausübt. Die Sonne sendet nicht nur Licht, sondern – durch eruptive Tätigkeit – auch Radiostrahlen, Röntgenstrahlen und Energieteilchen aus.

Von der Sonne kommen auch für uns besonders wichtige atomare Teilchen, die Neutrinos. Das sind Teile eines Atomkerns, mit besonderen Eigenschaften, die auch beim Erscheinen der

Supernova 1987 beobachtet werden konnten. Man vermutet noch, daß Neutrinos masselos sind. Sie zeigen lediglich eine Art »spin«, ein Drehmoment, und haben die bedeutende Eigenschaft, alle Materie mit Lichtgeschwindigkeit durchdringen zu können, als wäre sie nicht vorhanden. Neutrinos durchdringen die ganze Erdkugel und auch jedes Lebewesen, das sich darauf bewegt – einschließlich der Menschen. Wir scheinen jedoch nichts davon zu spüren.

Von der Sonne geht auch eine sogenannte Korpuskular-Strahlung aus, die aus sehr stark beschleunigten Atomkernen und Elektronen besteht und die für die Evolution des irdischen Lebens von besonderer Bedeutung war. Diese als »Sonnenwind« bezeichneten elektrisch geladenen Gasteilchen breiten sich mit einer Geschwindigkeit von 500 Kilometern pro Sekunde in den Raum aus – besonders in Zeiten verstärkter Sonnenfleckenaktivität. Der Sonnenwind ist immerhin so stark, daß er die gasförmige und staubhaltige Hülle von Kometen ablenkt und dadurch die Kometenschweife entstehen läßt, die immer von der Sonne weg zeigen – ja, es bestand sogar Gefahr für die Mondastronauten. Die Erde besitzt zwei Strahlengürtel, in denen sich diese atomaren Teilchen der Sonne besonders stark konzentrieren. Ein längerer Aufenthalt (auch im Raumanzug) ist in diesem Bereich für Menschen absolut tödlich. Die Astronauten müssen deshalb diesen »Van-Allen-Gürtel« (nach dem Entdecker, dem amerikanischen Physiker van Allen benannt) möglichst rasch durchqueren. Der Sonnenwind ist übrigens auch für die Entstehung des Nordlichts verantwortlich, und es gibt schon Vorschläge, Raumsonden mit Hilfe des Sonnenwindes anzutreiben. Mit riesigen Sonnenwindsegeln könnten die interplanetaren Entfernungen schneller überbrückt werden als mit herkömmlichen Antriebssystemen. Solche »Segelreisen« durchs All sind bereits zum Mond und zum Mars geplant.

Besonders ausschlaggebend für das Leben auf der Erde ist aber das Sonnenlicht. Es besteht aus winzigen Energieteilchen, den sogenannten Photonen oder Licht-Quanten, wie man heute weiß, die sich mit rund 300 000 Kilometern pro Sekunde, also mit Lichtgeschwindigkeit, in den Raum ausbreiten. Das Sonnenlicht übt daher einen Druck aus, der die Energieteilchen weit in den Weltraum hinausträgt.

Die Sonne ist also für uns Lebensspender und Energieträger zugleich; in ihr befindet sich die Ursubstanz der irdischen Schöpfung. Tief im Kern unseres Zentralgestirns laufen Kernreaktionen ab, die Temperaturen von 15 bis 20 Millionen Grad Celsius erreichen. Die Sonne befindet sich bereits seit 4,5 Milliarden Jahren in einem dauernden Explosionszustand. Das wird durch atomare Prozesse der Urelemente Helium und Wasserstoff erreicht, wobei der Anteil von Helium 5 Prozent und der von Wasserstoff 90 Prozent der gesamten Sonnenmasse von 332000 Erdmassen beträgt. Die Sonne besteht also zum Großteil aus Wasserstoff, und dieser stellt nicht nur die Ursubstanz unserer Sonne, sondern die aller Sonnen und somit des gesamten Universums dar.

Als unsere Erde noch nicht existierte, rotierte im Weltall eine riesige Wolke aus Staub und Gas mit den atomaren Elementen Helium und Wasserstoff. Durch gigantische Gravitationskräfte begann sich diese Wolke allmählich zu verdichten, wobei die äußeren Schichten abkühlten und sich zu Materieteilchen vereinten, die im späteren Verlauf zu Planeten wurden und deren innere Teile sich zu einer Sonne formierten. Alles, was also heute auf unserer Erde existiert, kam ursprünglich aus der Sonne und deren kosmischer Substanz. Es gibt wohl keinen Zweifel daran, daß dieser Vorgang unser Leben hier auf der Erde bestimmte. Auch heute noch wirken diese Kräfte in Form von Strahlen und Wellen auf uns ein, und es besteht sogar die Gefahr, daß diese Kräfte das Leben auf der Erde zerstören – in ferner Zukunft wird das sogar geschehen. Die Sonne selbst ist aber nur ein winziger Teil dieses Ursprungs, ein kleiner, unbedeutender Stern in der kosmischen Schöpfung.

Sie leuchtet als ein Stern dritter oder vierter Größe (in der von Hipparch von Nizäa um 150 v. Chr. bestimmten Größenklasse von 1 bis 6), und sie zählt zum Spektraltyp G, der hauptsächlich in der Farbe Gelb leuchtet. Es gibt daneben noch Sterne der Spektraltypen O (Blau), B (Weiß), A (Gelbweiß), F

(Weißgelb), K (Rötlichgelb) und M (Rot). Damit zählt die Sonne zu einem Durchschnittstyp von Sternen, zu dem aber – wie die Astronomen festgestellt haben – 80 Prozent der von uns sichtbaren Sterne im Universum gehören. Daher wird angenommen, daß besonders solche Sterne Planeten besitzen, die vielleicht sogar Leben tragen.

Unser Sonnensystem mit den derzeit neun Planeten Merkur, Venus, Erde, Mars, Jupiter, Saturn, Uranus, Neptun und Pluto hat eine Ausdehnung von etwa 6 Milliarden Kilometern. Mit unserem Zentralgestirn befinden wir uns in einer spiralartigen Ansammlung von 200 Milliarden Sternen, die wir die »Milchstraße« nennen und die unsere Heimatgalaxis darstellt. Sie hat eine größte Ausdehnung von etwa 100 000 Lichtjahren (ein Lichtjahr ist die Entfernung, die das Licht in einem Jahr zurücklegt, also etwa 9,4 Billionen oder 9400 Milliarden Kilometer), und die durchschnittliche Dicke beträgt 3000 Lichtjahre. Mit unserem Sonnensystem sind wir 30 000 Lichtjahre vom Zentrum entfernt, womit wir uns noch im ersten Drittel unserer Galaxis befinden. Der nächste Stern, die nächste Sonne Alpha Centauri ist immerhin schon 4,3 Lichtjahre von uns entfernt. Wir sehen also, welch gewaltiges Ausmaß allein unsere Galaxis hat, doch ist diese wiederum nur eine unter vielen im ganzen Universum.

Die Erde dreht sich mit einer Geschwindigkeit von etwa 1600 Kilometern pro Stunde um sich selbst und mit 107 280 Kilometern pro Stunde um die Sonne; diese wiederum bewegt sich mit 250 Kilometern pro Sekunde in 250 Millionen Jahren um das galaktische Zentrum. Die nächsten Galaxien wie die Kleine und die Große Magellansche Wolke, wo sich die Supernova 1987 A gebildet hat, sind bereits 160 000 bis 190 000 Lichtjahre von unserer Sonne entfernt. Diese und unsere Milchstraße gehören zu 21 Galaxien der lokalen Gruppe, die sich 4 Millionen Lichtjahre weit ausdehnt. Diese Gruppe von Galaxien ist wiederum nur eine von vielen Millionen solcher Ansammlungen, die mehrere Milliarden Lichtjahre voneinander entfernt sind, und das Ganze nennen wir Universum. Es dehnt sich insgesamt 6 Milliarden Lichtjahre weit aus. Das alles geht weit über unsere Begriffswelt hinaus, und es ist wohl als ein Wunder zu bezeichnen, daß wir Menschen fähig sind, all das wenigstens einigermaßen wahrnehmen zu können. Ja, wir besitzen sogar die Fähigkeit, mit unseren optischen und radioastronomischen Geräten bis zum Zentrum des Universums, dem Zentrum der kosmischen Schöpfung vorzudringen.

Vor zirka 20 Milliarden Jahren soll es ein »Ur-Atom« gegeben haben, das mit einem »Anti-Teilchen« durch eine unvorstellbar gewaltige Explosion das Universum entstehen ließ. Dieser als »Urknall« oder »Big Bang« bezeichnete Vorgang hat bewirkt, daß die atomaren Elemente Wasserstoff und Helium in den Raum hinausgeschleudert wurden und sich zu Sternhaufen und Sonnensystemen entwickelten. Daß sich das Universum weiter ausdehnt, haben Astronomen und Astrophysiker aufgrund von Spektralanalysen der Galaxien und Sterne bereits festgestellt. In den sechziger Jahren schoß man riesige Reflektorsatelliten, sogenannte Echosatelliten in den Weltraum; sie sollten hauptsächlich Funksignale zur Erde zurücksenden. Dabei entdeckte man ein eigenartiges Rauschen, das zunächst nicht identifiziert werden konnte. Später wurde jedoch festgestellt, daß dieses Rauschen ein Restbestand des gewaltigen Urknalls ist, der sich mit einer Wellenlänge von 7,5 Zentimetern in den gesamten Raum ausbreitet. In der Folge wurden zahlreiche Himmelskörper entdeckt, mit teilweise merkwürdigen und unglaublichen Eigenschaften. Spiralartige und nebelartige Galaxien, Weiße Zwerge, Rote Riesen, Neutronensterne, Pulsare, Quasare und »Schwarze Löcher«, Energiephänomene und Gravitationsanomalien, wie wir sie uns nur schwer vorstellen können. Sterne blähen sich auf oder fallen in sich zusammen. Sonnen beginnen zu pulsieren, senden Radiosignale aus oder verschwinden in einem Schwarzen Loch.

Und inzwischen kennen die Kosmologen auch schon das Ende dieses Spektakels. Sterne werden ihre Planeten verlieren, Sonnen verlöschen, Galaxien verlieren ihre Sterne, Planeten fallen in ihre Sterne, Protonen zerfallen durch Schwerkraftkollaps, Schwarze Löcher zerstrahlen, Materie schmilzt am absoluten Nullpunkt, alle Materie verwandelt sich in Eisen, Eisensterne kollabieren zu Schwarzen Löchern und werden zu Neutronensternen. Das alles wird in Milliarden und Abermilliarden von Jahren geschehen, wenn kein Leben mehr existiert. Andere Fachleute meinen, das Universum pulsiert, es dehnt sich aus und fällt zusammen bis in alle Ewigkeit. Die Dauer der Ausdehnung bis zum Zusammenbruch soll etwa 80 Milliarden Jahre betragen.

Wir sehen, daß die Lebenskeime, die Ursubstanzen zur Entstehung von Lebensformen, bereits seit Anbeginn der kosmischen Schöpfung vorhanden waren. Sie sind überall im Universum gegenwärtig, und es ist nur eine Frage von bestimmten Voraussetzungen in lokalen Gebieten des Kosmos, ob diese Lebenskeime wachsen können. Es hängt von den einzelnen galaktischen Voraussetzungen ab, ob sich intelligente Lebewesen entwickeln können. Aufgrund der milliardenfachen Möglichkeiten dürfen wir annehmen, daß irgendwo im Weltall auch andere Intelligenzen existieren; es wäre ja geradezu fatal, wenn dies nicht der Fall wäre, wenn wir die einzigen intelligenten Lebensformen im großen Universum wären. Aus zahlreichen Überlegungen heraus können wir die Einzigartigkeit der Menschheit nicht annehmen. Es scheint eher so zu sein, daß es Intelligenzen gibt, die uns weit voraus sind.

Im Jahre 1977 entdeckten Astronomen eine Wasserdampfwolke im Sternbild Dreieck, am Rand des Spiralnebels M 33 in 2,2 Millionen Lichtjahren Entfernung. Eine kanadische Forschergruppe entdeckte 1978 eine dichte Molekülwolke im Sternbild Stier. Mit Radioteleskopen sind mittlerweile mehr als 30 interstellare Moleküle nachgewiesen worden. Im kanadischen Hertzberg-Institut entdeckten Astronomen mittels Radiospektroskopie im Sternbild Schütze, im Mittelpunkt unserer Galaxis, in 30000 Lichtjahren Entfernung das organische Molekül Cyanodiacetylen. Es kann sich mit zwei Molekülen Wasser zur einfachsten Aminosäure Glycin verbinden. Der amerikanische Astronom Fred Johnson vom California State College hatte 1971 spektroskopisch im Sternbild Orion eine Strahlung entdeckt, die mit dem Blatt- und Blutfarbstoff verwandt ist. Im Jahre 1974 entdeckten Astronomen in einer Dunkelwolke unserer Galaxis Ameisensäure, die zu den einfachsten Fettsäuren zählt. Interessant dabei ist, daß sich in Dunkelwolken gewöhnlich neue Sterne formen. Einstweilen fehlen noch die komplexer aufgebauten Aminosäuren, doch die Verbindungen dazu sind bereits tief im Weltall nachgewiesen worden.

Kürzlich entdeckten amerikanische Astronomen bei den Sternbildern Jungfrau und Großer Bär, in 35 Lichtjahren Entfernung, Anzeichen von Planeten. Auch andere Nachbarsterne im Bereich von 5 bis 20 Lichtjahren Entfernung, wie z. B. Alpha Centauri (4,3 Lichtjahre), Epsilon Eridani (10,8 Lichtjahre) oder Tau Ceti (12,2 Lichtjahre) sollen Planeten besitzen. Im Kugelsternhaufen M 13 im Sternbild Herkules, 24000 Lichtjahre von uns entfernt, vermuten Astronomen offenbar intelligente Lebewesen. Am 16. November 1974 schickten nämlich Wissenschaftler von Arecibo in Puerto Rico unter der Leitung von Franzis Drake mit einem Radioteleskop ein Fernsehbild auf der 12,6-cm-Wellenlänge in Richtung M 13, der aus etwa 300000 Sternen besteht. Die Botschaft wird allerdings erst in 24000 Jahren dort ankommen, und die Antwort wird vermutlich ebensolange dauern. Außerdem müßten etwaige Intelligenzen dort genau zu dieser Zeit und in der Übertragungszeit von 169 Sekunden ein entsprechendes Radioteleskop zu Erde richten. Bei der Ungewißheit und Unwahrscheinlichkeit der Ankunft von Plakettenbotschaften der Raumsonden Pioneer und Voyager bei mutmaßlichen »Brüdern« im All, die in den Jahren 1972 und 1977 von der NASA auf die Reise ins Weltall geschickt wurden, wäre es vielleicht günstiger, wenn wir uns auf das Horchen beschränken würden – und dabei sollten wir vielleicht auch andere »unirdische« Signale beachten.

Wir können offensichtlich nur Signale von außerirdischen Intelligenzen empfangen, die uns weit, ja vielleicht sogar unglaublich weit voraus sind, in technischer oder auch in metaphysischer Hinsicht. Längst sind auch wir dem Mondastronauten-Boom entwachsen – und das in knapp 25 Jahren. Noch weitere hundert, tausend, ja vielleicht sogar Millionen Jahre Raumfahrt, Computertechnik und ähnliche Entwicklungen – auch im metaphysischen Bereich – könnten zu Möglichkeiten führen, von denen wir derzeit nur träumen. Außerirdische Intelligenzen könnten den Weltraum mit einer Selbstverständlichkeit durchqueren, mit der wir um den Globus reisen. Protonen- oder Neutronen-Wesen könnten sich mit Lichtgeschwindigkeit in andere Bereiche des Universums versetzen, und vermutlich ginge das mit Hilfe von Antimaterie, Antiwelten oder Überuniversen noch viel schneller. Zahlreiche Autoren haben diese Möglichkeiten schon in Betracht gezogen, aber vielleicht blinkt auch irgendwo ein kosmischer »Leuchtturm«, den ein Schöpfergeist ständig in Gang hält.

Haben wir möglicherweise bisher auf die falschen Signale gehört? Vielleicht werden wir ständig von außerirdischen Botschaften berieselt und merken es gar nicht, weil wir in allzu irdisch beschränkten Bahnen denken und handeln? Im Jahre 1960 wurden vom »California Institut of Technology« Radiosignale aus dem Weltall registriert, die in einem Frequenzbereich von 900 Megahertz auftraten. Zuerst vermuteten die Astronomen, es handle sich um einen »Radiostern«, doch bisher wurde kein derartiges Signal von einem solchen Stern verzeichnet. Der sowjetische Astronom Nikolai S. Kardaschew vom Moskauer Sternberg-Institut war daraufhin der Meinung, es seien Signale, »gigantische Leuchtfeuer« einer weit entfernten Superzivilisation. Ein Mitarbeiter des Moskauer Instituts, Gennady B. Scholomitsky, stellte einige Monate später fest, die Signale »fluktuieren« in einem hunderttägigen Rhythmus. Die sowjetische Nachrichten-Agentur Tass berichtete daraufhin, daß dies ein Hinweis darauf sei, daß wir im Universum nicht allein sind. Die Fachwelt dagegen war skeptisch. Weitere Astronomen untersuchten die Radioquelle, die mittlerweile mit CTA-102 registriert wurde, aber keiner konnte daraus intelligente Signale herauslesen. Nur Scholomitsky hatte diese merkwürdigen Signale registriert. Also wurde CTA-102 als normale Radioquelle im Universum eingestuft.

Nun, können wir tatsächlich so vermessen sein, diese Signale als »nicht künstlich« zu den Akten zu legen? Wir selbst senden Botschaften in den Kosmos und verwenden dazu lächerliche 169 Sekunden. Vor und nach dieser Zeitspanne wird auch im

Kugelsternhaufen M 13 niemand diese Signale empfangen können. Und es fragt sich, ob in dieser äußerst kurzen Zeit dort gerade jemand empfangsbereit auf Horchposten ist. Sollte zufällig nur ein einziger Astronom diese Signale empfangen, andere jedoch nicht, dann könnte dies ebenfalls mißinterpretiert oder ignoriert werden. Dann wäre noch zu fragen: Was sehen wir als künstliche Signale an? Und was sehen außerirdische Intelligenzen als künstlich an? Es gibt mehrere Überlegungen dazu: Die schematische Darstellung des Wasserstoffatoms, eine Reihe binärer Zahlen und seltsame Strichmännchen. Nun werden bestimmt die meisten irdischen Kinder nicht besonders klug daraus, wenn man ihnen die Plaketten der Pioneer- und Voyager-Sonden unvorbereitet zeigt, weshalb solche Botschaften wohl doch etwas fragwürdig erscheinen.

Natürlich ist das Aussenden von Signalen interessant und wichtig, doch müssen wir uns auch darüber im klaren sein, daß es irdische, rein menschliche Signale sind. Andersartige, uns weit überlegene Intelligenzen erwarten vielleicht ganz andere Botschaften. Jedenfalls können wir nicht uneingeschränkt davon ausgehen, Signale aus dem Kosmos seien nicht künstlich, nur weil wir sie derzeit nicht verstehen. Und das trifft für die Botschaft der Radioquelle CTA-102 sowie für alle bisher entdeckten Radioquellen, die sogenannten »Quasaren«, zu. Sie gehören zu jenen geheimnisumwitterten Objekten im Kosmos, deren Eigenschaften bisher nicht enträtselt werden konnten. Es sind eigentlich »Täuschungsobjekte« des Universums, denn sie können in ihrer Ausdehnung nicht von Sternen unterschieden werden und sind dennoch keine: Es sind quasi-stellare Objekte – eben Quasare.

1967 wurde im Mullard-Radioteleskop in Cambridge in England eine Signalfolge von – wie es damals hieß – »allergrößter Präzision« empfangen. Ganz genau alle 1,33730113 Sekunden, mit der Genauigkeit einer Quarzuhr, kamen die Impulse direkt vom Sternbild Vulpecula. Die Astronomen in Cambridge nahmen an, daß diese Signale von einer außerirdischen Intelligenz stammen, da keine irdischen Satelliten derartige Signale aussenden. Aufgrund der Signalfolge konnte festgestellt werden, daß diese von einem außerirdischen Objekt stammen, das nicht größer als ein Planet sein konnte. Der Radioastronom Sir Martin Ryle nannte diese Signale daher etwas scherzhaft »LGM« (little green men), also »kleine grüne Männchen«, wie sie auch bereits dem Mars zugesprochen wurden. Die Entdecker hielten die Signale aber vorerst geheim. Ein Wissenschaftler, Sir Bernard Lovell, wollte nicht glauben, daß sich ein Objekt im Universum so wie diese Signale verhalten könne. Weitere Untersuchungen ergaben, daß sich das Spektrum der Signale nicht auf eine Wellenlänge beschränkte, sondern daß es sich auf den gesamten Radiobereich erstreckte. Demnach mußte die ausstrahlende Energiequelle enorm stark sein. Sollte sich das Objekt in einer Entfernung von 300 Lichtjahren befinden, dann mußte für die einzelnen Impulse eine Leistung vom Milliardenfachen der gesamten Energieleistung der Erde angenommen werden. Das war schließlilch auch der Grund, weshalb dieses »LGM«-Signal als natürlich angesehen und als »Pulsar« bezeichnet wurde. Inzwischen sollen schon über 140 solcher »Pulsare« entdeckt worden sein. Auch hier trifft ähnliches zu wie bei den Quasaren: Sie werden als natürlich klassifiziert, weil sie unserem derzeitigen menschlichen Verständnis für »künstlich« widersprechen.

So wie wir uns derzeit verhalten, gibt es nur zwei Möglichkeiten: Wir können anscheinend »optisch« zum Ursprung der kosmischen Schöpfung vordringen, wir können anscheinend die meisten Dinge im Universum »natürlich« erklären, ergo sind wir anscheinend eine der intelligentesten Arten von Leben im ganzen Universum. Daraus folgt jedoch, daß sich die meisten anderen intelligenten Lebewesen ebenso verhalten wie wir und daß wir uns – aufgrund unserer und deren Unzulänglichkeit – wohl kaum je begegnen werden. Als zweite Möglichkeit bleibt dann nur noch: Wir sind eine der primitiveren Arten im Kosmos, und andere sind uns weit überlegen. Dann müssen wir aber davon ausgehen, daß wir die tatsächlichen Vorgänge im Universum wohl doch noch nicht so ganz verstehen. Letzteres würde aber bedeuten, daß wir andere Möglichkeiten der Kommunikation in Betracht ziehen müssen.

Was wäre denn, wenn all die Quasare und Pulsare kosmische

Leuchtbojen sind, die Blinkzeichen durch das gesamte Universum schicken? So ganz abwegig ist diese Vorstellung gar nicht! Wir wissen inzwischen, wie unzulänglich unsere Weltraumsignale sind: Sie brauchen zuviel Zeit und auch die Richtungsmöglichkeiten sind viel zu groß, so daß wir nicht wissen, wann, wohin und wie lange wir ausstrahlen sollen. Es hat auch nicht viel Sinn, Jahrtausende auf eine Antwort zu warten, und auch die Hoffnung auf ein Jahrtausende altes Signal, ausgesandt von einem Tausende Lichtjahre entfernten Sonnensystem, ist fragwürdig. Eigentlich müßte es dazu andere Möglichkeiten geben.

Wenn wir von der für uns Menschen etwas »glücklicheren« Situation ausgehen, daß uns andere Intelligenzen weitaus überlegen sind, dann müßten diese auch uns weitaus überlegene Möglichkeiten zur kosmischen Verständigung besitzen. Sie hätten vermutlich für uns derzeit noch unvorstellbare Techniken zur Verfügung. Wir Menschen besitzen schon ein künstlich geschaffenes atomares Potential, das unsere Erde mehrfach zerstören könnte. Eine Weiterentwicklung in dieser Richtung könnte unseren Planeten zu einer galaktischen Atombombe werden lassen – wahrscheinlich auch zu einer Gefahr für andere Lebensformen außerhalb der Erde. Wir könnten soweit kommen, fremde Planeten zum »Blühen« zu bringen, in einer Art »Terraforming«, aber auch soweit, diese Planeten in einer gewaltigen Explosion völlig zu zerstören. Das können wir uns im Moment nur theoretisch vorstellen, aber uns weit überlegene Intelligenzen könnten schon soweit sein, ganze Planetensysteme für sich zu nutzen. Dann wäre es nur noch ein kleiner Schritt bis zur Manipulation ganzer Sterne. Dann wäre auch die Möglichkeit gegeben, Sterne künstlich herzustellen und diese für die kosmische Kommunikation einzusetzen. Dies hätte den Vorteil, daß z. B. ein pulsierender Stern verschiedene Signale aussendet, und zwar in den gesamten Kosmos, für alle Mitglieder dieser Gemeinschaft und nicht nur für einzelne raumreisende Individuen. Alle könnten die Botschaft vernehmen: Seht her, hier sind wir! Ihr seid nicht allein! Macht euch davon ein Bild!

Schlußbetrachtung

Wenn ich nun die vorhin beschriebenen Fakten und Ereignisse zusammenfasse, dann gibt es wohl keinen Zweifel daran, daß sich um Jesus Christus gewisse außerirdische Dinge ereignet haben. Jesus selbst bezeichnete sich stets als »nicht von dieser Welt«. Die meisten Jesus-Forscher wollen den Mann aus Nazareth vermenschlichen und auf eine rein irdische Ebene stellen, doch aus der Bibel, den apokryphen Texten und anderen geschichtlichen Quellen geht eindeutig hervor, daß Jesus außerirdischer Herkunft war.

Im Jahre 57 n. Chr. schrieb der Apostel Paulus in seinem 1. Korintherbrief: »Auch gibt es himmlische Körper und irdische Körper. Aber andersartig ist der Glanz der himmlischen und andersartig derjenige der irdischen« (15, 40). Auch Paulus wußte offenbar von den himmlischen Dingen, die mit Jesus geschehen sind. Im Kolosserbrief geht er ebenfalls darauf ein: »Trachtet nach dem, was droben ist, nicht nach dem, was auf Erden« (3, 2). Als Jesus sich verabschiedete, ging er, um uns »einen Platz zu bereiten« (Joh. 14, 2) in »seines Vaters Haus«, wo »viele Wohnungen sind«. Nehmen wir das Angebot an, und suchen wir diesen Platz. Der Aufbruch ins Weltall hat schon begonnen. Eines Tages wird die Menschheit eine zweite Heimat auf dem Planeten Mars finden. Die ersten Siedler werden Vertreter aus allen Bereichen der Wissenschaft sein. Dann wird sich aber auch die Frage stellen, welcher Vertreter welcher Religion erstmals den Marsboden betreten darf. Und wie wird die künftige Mars-Kirche aussehen? Wird es eine Gemeinschaft aller irdischen Kirchen sein? Die dem Mars entsprechende Religion wäre jedenfalls eindeutig die christliche; sie ist durch und durch marsbezogen. Sie hat seit zwei Jahrtausenden das martialische kriegerische Element in sich, das in der heroischen, aber auch gemarterten Figur Jesus Christus gipfelt. Seine Herkunft, seine Taten und sogar sein Name entsprechen eindeutig jenen Eigenschaften, die man dem roten Planeten, dem Mars zuschreibt. Nicht zuletzt könnte sich der Beweis für all das und für die eindeutig nicht irdische Herkunft Jesu auf diesem unserem Nachbarplaneten befinden.

Moderne Theologen haben längst keine Schwierigkeiten mehr damit, außerirdische Intelligenzen in die Schöpfung einzubeziehen. Für viele ist die Schöpfung längst universell geworden. Neue Entdeckungen im Weltall lassen eine Genesis vermuten, die weit über das irdische Ausmaß hinausgeht. Moderne Erkenntnisse lassen aber auch vermuten, daß die Taten Jesu einen überirdischen, außerirdischen Ursprung hatten.

Jesus selbst sagte, er werde wiederkommen. Wenn »Zeichen des Menschensohnes am Himmel erscheinen« (Matth. 24, 30), und alle Völker der Erde »werden den Menschensohn auf den Wolken des Himmels kommen sehen«. Er wird aber unverhofft kommen, »zu einer Stunde, wo ihr es nicht vermutet«, wie es heißt (Matth. 24, 44). Wir sollen deshalb wachsam sein und die Zeichen erkennen.

Am 31. Dezember 1986 berichteten Astrologen, was für das Jahr 1987 in den Sternen steht. Danach sollte Jesus Christus persönlich im US-Fernsehen erscheinen und während einer Sportübertragung alle politischen Führer der Welt zum Frieden aufrufen. Wie schon beschrieben, berichtete der schwedische Entdecker der Tonbandstimmen Friedrich Jürgenson in einem Interview der Zeitschrift »Esotera« im Mai 1987, daß sich – aufgrund von Jenseitsinformationen – binnen einiger Monate oder eines Jahres »ein verstorbener Mensch, den alle kennen«, in sämtliche Fernsehprogramme der ganzen Welt, in Bild und Ton, einschalten werde, um die Menschheit in letzter Minute auf ihrem Weg in den Abgrund der Selbstvernichtung zu stoppen. Im Juni 1987 erschien dann das Christusgesicht aus einer Computeranalyse von Marsaufnahmen der NASA.

Wie ebenfalls bereits erwähnt, prophezeite der bekannte französische Seher Nostradamus für das Jahr 1999 den Weltuntergang – zumindest gewaltige Umstürze. In einem seiner Vierzeiler heißt es: »Im Juli (dem siebenten Monat des Jahres) 1999 wird ein mächtiger Schreckensherrscher über den Himmel (auf dem Luftweg) kommen, um den großen Eroberer des Angoumois wiedererstehen zu lassen. Davor und danach wird Krieg herrschen.« Unter »Angoumois« könnte ein fremder Eroberer gemeint sein. Im Französischen wird dieser »le grand Roy d'Angoumois« genannt und als »König« bezeichnet. Offenbar hat dieser Vierzeiler auch etwas mit dem Mars zu tun, denn Nostradamus meint wörtlich: »Avant après Mars regner par bonheur.« Diese Stelle wurde, vermutlich entsprechend dem Kriegsgott Mars, als Prophezeiung eines kommenden Krieges und kommender Krisen gedeutet. Mit Sicherheit steht die Welt zur Jahrtausendwende also vor gewaltigen globalen Veränderungen.

Ein evangelischer Verlag schrieb mir auf mein Manuskriptangebot: »In der Hoffnung auf den in Macht und Herrlichkeit wiederkommenden Herrn leben alle lebendigen Christen. Sie bedürfen dafür aber keiner weiteren ›Beweise‹ oder ›Krücken‹.« Ich weiß nicht, was Jesus dazu sagen würde, aber auch er bediente sich stets gewisser »Krücken«, wenn er in »Gleichnissen« sprach und »Wunder«, »Zeichen« setzte.

Er sagte schließlich: »*Wenn ich von den irdischen Dingen zu euch gesprochen habe, und ihr glaubt mir nicht, wie werdet ihr glauben, wenn ich von den himmlischen Dingen zu euch rede*« (Joh. 3, 12).

Das Jahr 1987 scheint überhaupt ein »Schicksalsjahr« gewesen zu sein. Es erschien ein neuer »Stern von Bethlehem«; aus einer Computeranalyse des Marsgesichts kam ein Abbild Christi zum Vorschein, und es kamen erstmals Wissenschaftler zusammen, die ernsthaft die Problematik der Zerstörung der Ozonschicht in der Erdatmosphäre diskutierten. Das Jahr 1987 gab aber auch Anlaß zur Hoffnung auf weltweiten Frieden durch das erste Abrüstungsabkommen der beiden Supermächte. Zu Pfingsten 1987 eröffnete Papst Johannes Paul II. das »Marianische Jahr« zu Ehren der »Mutter Gottes«, der Mutter Jesu. In der Diözese Linz in Österreich wurde das »Fest der Unbefleckten« als das »Hochfest der neuen Menschheit«, als das »wahre New Age« gefeiert.

Auch das darauffolgende Jahre 1988, das »Jahr des Mars« mit einer nahen Begegnung der beiden Planeten Erde und Mars, könnte Zeichen gesetzt haben. Zwei irdische Raumsonden versuchten, zum Mars vorzudringen, sie sind dann allerdings wegen technischer Defekte ausgefallen. Es gab erstmals eine Radiocarbon-Untersuchung des Turiner Leinentuchs, des offensichtlich echten Grabtuchs Christi, die allerdings weitere Rätsel und Kontroversen auslöste. Immer, wenn der Mars im Gespräch ist, tritt auch das Grabtuch ins Blickfeld der Öffentlichkeit. So auch im »Marsjahr« 1997, als es dem Brand im Turiner Dom auf spektakuläre Weise entrissen werden konnte. Im Jahre 1997 stand der Mars in Opposition zur Erde, in einer Entfernung von nur etwa 98 Millionen Kilometern, und am 4. Juli 1997 landete erfolgreich und unter euphorischem Jubel der NASA-Leute die amerikanische Raumsonde »Pathfinder« im »Ares Vallis« auf dem Mars. Johannes Paul II. bat schon am 15. August 1988 bei einem feierlichen Gottesdienst in Rom, in St. Peter, um den Schutz der Mutter Gottes für die ganze Menschheit, die am Beginn des 3. Jahrtausends vor schweren Problemen stehe. Im Jahre 1992, das die NASA zum »Internationalen Weltraumjahr« erklärte, in dem mit dem Projekt SETI verstärkt die Suche nach Signalen von außerirdischen Intelligenzen aufgenommen wurde und in dem wieder eine Raumsonde zum Mars flog, ließ der Papst in der Kirche San Giovanni in Rom das »heiligste Bild der Christenheit« wieder ausstellen. Es ist ein Bild der Mutter Gottes mit dem Jesuskind, das vor 2000 Jahren der Evangelist Lukas gemalt haben soll. Die Römer holten das Bild immer in Zeiten von Pest oder Krieg hervor, nun befürchtete der Papst offenbar ähnliche Katastrophen. Dies alles sind durchaus »Zeichen« für Veränderungen, Zeichen, die uns auch mahnen sollen, die aber doch auf eine friedliche Wiederkehr Christi hoffen lassen. Nach einer Umfrage, die 1992 vom Fernsehsender CNN und der Zeitschrift »Time« in Amerika durchgeführt wurde, waren 53 Prozent der Befragten davon überzeugt, daß innerhalb der nächsten 1000 Jahre Jesus Christus auf die Erde zurückkehren werde.

Es könnte auch die Wiederkehr außerirdischer Intelligenzen

sein. Die Wiederkehr jener »Engel«, die Jesus »in diese Welt« gesetzt haben und die vielleicht auch mit anderen »Propheten« in Verbindung standen. Möglicherweise würde das gar keinen Kulturschock mehr auslösen, da wir im »Jahrhundert der Raumfahrt« diese Gedanken schon vielfach diskutiert haben und uns auch immer mehr mit ihnen anfreunden werden. Diese Begegnung könnte zwar unverhofft kommen, doch dann würden wir endgültig zur kosmischen Gesellschaft gehören, zu wirklich Eingeweihten in den »göttlichen Dingen«. Selbst der Vatikan befaßt sich bereits mit dieser Möglichkeit, denn Wissenschaft und Religion schließen sich nicht aus; Wissenschaft kann sogar ein Teil religiöser Erkenntnis sein.

Aufgrund der Ausführungen in diesem Buch und sicherlich auch aufgrund anderer Gedanken aus anderen Quellen sollten wir auf jeden Fall gerüstet sein, stets wachsam sein; wachsam, um uns den künftigen Ereignissen auf dieser Erde, aber auch im gesamten Kosmos stellen zu können.

Literaturverzeichnis

Adamski, George: Im Innern der Raumschiffe (Wiesbaden 1953)

Arguelles, José: Der Maya-Faktor (München 1990)

Bibel, Die: Die heilige Schrift des Alten und des Neuen Bundes (Freiburg im Breisgau 1965)

Boschke, Friedrich L.: Das Unerforschte (Düsseldorf/Wien 1975)

Bulst, Werner: Betrug am Turiner Grabtuch (Frankfurt am Main 1990)

Carlotto, Mark J.: The Martian Enigmas (Berkeley 1991)

Crowley, Brian/Pollock, Anthony: Return to Mars (South Melbourne 1989)

Däniken, Erich von: Erscheinungen (Düsseldorf/Wien 1974)

– (Hrsg.): Kosmische Spuren (München 1989)

– Neue kosmische Spuren (München 1992)

DiPietro, Vincent/Molenaar, Gregory/Brandenburg, John: Unusual Mars Surface Features (Glenn Dale, Maryland 1982)

Fontbrune, Jean Charles de: Nostradamus – Historiker und Prophet (Wien/Hamburg 1982)

Goodman, Linda: Star Signs (Zürich 1988)

Gööck, Roland (Hrsg.): Menschen die die Welt veränderten (Gütersloh 1979)

Grossinger, Richard: Planetary Mysteries (Berkeley, California 1986)

Hain, Walter: Wir, vom Mars (Köln 1979)

– Irrwege der Geschichte (Wien 1981)

– Das Marsgesicht (München 1995)

Herbst, Karl: Kriminalfall Golgatha (Düsseldorf/Wien 1992)

Hitching, Francis: Die letzten Rätsel unserer Welt (London 1979)

Hoagland, Richard C.: The Monuments of Mars (Berkeley 1987)

Holbe, Rainer: Neue unglaubliche Geschichten (München 1987)

Keller, Werner: Und die Bibel hat doch recht (Düsseldorf/Wien 1978)

Kersten, Holger/Gruber, Elmar R.: Das Jesus-Komplott (München 1992)

Köhler, Horst W.: Der Mars (Braunschweig 1978)

Krassa, Peter: Gott kam von den Sternen (Freiburg 1974)

Krassa, Peter/Habeck, Reinhard: Die Palmblatt-Bibliothek (München 1993)

Langbein, Walter-Jörg: Das Sphinx-Syndrom (München 1995)

Michell, John: Die Geomantie von Atlantis (München 1984)

Moody, Raymond A.: Leben nach dem Tod (Reinbek 1977)

Navia, Louis E.: Das Abenteuer Universum (Düsseldorf/Wien 1977)

– Unsere Wiege steht im Kosmos (Düsseldorf/Wien 1976)

Obermeier, Siegfried: Starb Jesus in Kaschmir? (Düsseldorf/Wien 1983)

O'Neill, Gerard K.: Unsere Zukunft im Raum (Stuttgart 1978)

Paul, Günter: Unsere Nachbarn im Weltall (Düsseldorf/Wien 1976)

Picknett, Lynn / Prince, Clive: Die Jesus-Fälschung (Bergisch Gladbach 1995)
Pozos, Randolfo Rafael: The Face on Mars (Chicago 1986)
Rükl, Antonin: Mond, Mars, Venus (Prag 1977)
Sitchin, Zecharia: Stufen zum Kosmos (Unterägeri / Zug 1982)
Steinhäuser, Gerhard R.: Die Zukunft die gestern war (München 1977)
– Jesus Christus – Erbe der Astronauten (Wien 1973)
Tompkins, Peter: Die Wiege der Sonne (Bern / München 1976)
Velikovsky, Immanuel: Welten im Zusammenstoß (Frankfurt am Main 1978)
Zehren, Erich: Der gehenkte Gott (München 1959)

Zeitungen und Zeitschriften:

Baima Bollone, Luigi: Un falso? Io non cisto, in »Bollettino del centro internazionale di Sindonologia«, Numero Unico, Dicembre 1988 (Torino)
»Bild Zeitung«: Umfrage: Jesus kommt zurück, vom 29. September 1992 (Hamburg)
Blumenthal, P. J.: Kreuzigung: Rekonstruktion einer fürchterlichen Hinrichtungsart, in »Peter Moosleitners Magazin«, Nr. 4, 1992 (München)
Crowley, Brian: Did Jesus come from Outer Space?, in »People«, Spring Special (Sydney 1991)
»Der Sternenbote«: Supernova 1987 A in der Magellanwolke, Nr. 4 (Wien 1987)
Ekrutt, Joachim W. (Hrsg.): »Sterne-Kompaß 1981 bis 1983« (München)
Englisch, Andreas: Ich rufe die Madonna an – das Ende naht, in »Bild Zeitung«, vom 8. Oktober 1992 (Hamburg)
Fiebag, Johannes: Marienerscheinungen – Direktkontakte mit extraterrestrischen Intelligenzen?, in »Ancient Skies«, Nr. 10, Juli / August 1987 (Feldbrunnen)
Hain, Walter: Kam Christus vom Mars?, in »Mysteria«, Nr. 69 (Halver 1988)
– Ein Christus-Bild auf dem Mars?, in »Para«, Nr. 67, August 1990 (Klosterneuburg bei Wien)
– Sein Reich war nicht von dieser Welt, in »Das Neue Zeitalter«, Nr. 15, vom 4. April 1990 (Hamburg)
– Walter / Granger, Michel: Jesus était-il martien?, in »Dimanche«, 13 septembre 1992 (Saône et loire)
Hesemann, Michael: Sag mir, wo die Kreise sind, in »2000-Magazin für Neues Bewußtsein«, Nr. 90. Okt. / Nov. 1992 (Düsseldorf)
– (Hrsg.): Wer nach Zeichen sucht, der wird sie finden ..., in »2000-Magazin für Neues Bewußtsein«, Nr. 102, Dez. / Jan. 1995 (Düsseldorf)
Knapp, Wolfram: Unsere Supernova – Das größte kosmische Drama seit 383 Jahren, in »Bild der Wissenschaft«, Nr. 6, Juni 1987 (Stuttgart)
Köhler, Joachim: Die Akte Jesus, in »Stern Magazin«, Nr, 1, 1992 (Hamburg)
Lehmann, Johannes: Das Jesus-Geschäft, in »Profil«, Nr. 15, 1993 (Wien)
Mueller, Marvin M.: The Shroud of Turin: A Critical Appraisal, in »The Sceptical Inquirer«, No. 3, Spring 1982 (Buffalo, New York)

»Österreichische Astronomische Monatsschrift«: Die Supernova 1987 A – ein Jahrhundertereignis, Nr. 9 (Wien 1987)

Peterson, Scott: Das geheime Wissen der Maya, in »2000-Magazin für Neues Bewußtsein«, Nr. 95, August/September 1993 (Düsseldorf)

Pietrek, Winfried: Das »wahre Abbild«! – Papst hält Grabtuch für »echte Reliquie«, in »Neue Bildpost« vom 8. April 1988 (Schmallenberg)

Schiatti, Lamberto: »Die Sindon«, Edizioni Paoline, Turin 1978

Tarr, Richard/Fielding, Steven: Crop Circle Phenomenon Revealed, in »Quest International« (London 1991)

»Wiener Kirchenzeitung«: Marienjahr: Impuls soll weiterwirken, vom 21. August 1988 (Wien)

Wolf, Hellmuth: »Handkarte Mars« (Gotha 1985)

Personen- und Sachregister

Bildnachweis (nach Bildseiten):

Buch und Zeit Verlagsges.m.b.H., Köln/Archiv Autor: 1 und 2; Courtauld Institute of Art, London/Verlag Gräfe und Unzer, München: 3; A. Lissoni, Peschiera: 4; Fortean Times, London: 5; Archiv Autor/Austria Presse Agentur: 6; NASA: 7; NASA/Stanford Research Institute, Berkeley/G. Enrie/Archiv Autor: 8; G. Tamburelli, CSELT, Turin/M. Carlotto, TASC, Reading, Massachusetts/Archiv Autor: 9; Verlag Langen Müller, München: 10; Verlag Harenberg, Dortmund: 11; Magazin 2000, Düsseldorf/Zeiss-Planetarium, Jena: 12; Gene M. Phillips, Ancient Astronaut Society, Illinois: 13; Archiv Autor/Sputnik, Stuttgart: 14; Hagen Schmidt, Deutsche Verlags-Anstalt, Stuttgart/Verlag Bauer, Wien: 15; Centro Ufologico Nazionale, Bologna: 16. Die Zeichnungen im Textteil stammen, wenn nicht anders angegeben, vom Autor.

Bitte beachten Sie
die folgenden Seiten …

Budd Hopkins
Entführt ins All
Die Ufo-Kidnapper an der Brooklyn-Bridge
Deutsche Erstausgabe